教養みらい選書 004

音楽と出会う

21世紀的つきあい方

岡田暁生

JN132842

世界思想社

はじめに

子供時代から音楽を聴くことは大好きだった私だが、いつのまにか音楽との「出会い方」がかつてとまったく変わっていることに、最近はたと気がついた。今から半世紀近く前、私は音楽といったいどんなふうに出会ったか？ それはピアノのお稽古であり、クラシック音楽好きの父が書斎で聴いていたレコードであり、同じく父が読んでいた音楽雑誌を通してであった。やがて十代後半になって音楽熱がますます高じると、演奏家になるのは無理としても、何かしら音楽と関係のある仕事がしたいと考えるようになった。そして最初はレコーディング・エンジニアや音楽マネージメント業などにも憧れたのだが、結局、研究／批評を生業とする今の仕事に落ち着いた。

こうやって振り返ってみると、この半世紀近くの間に、音楽との出会いのモードが一変したことに、あらためて驚かされる。私にとって「ピアノ教室」と「父の書斎のレコード・コレクション」と「音楽雑誌」なくして音楽との出会いはありえなかったわけだが、今やピアノを習い事とする子供の数は激減し、レコード・コレクションなどという趣味はほぼ消え去り、情報源としての音楽雑誌はネット検索に取って代わられた。ネット動画を通勤電車の中で聴くのが当たり前になり（「レコード・プレーヤーの前に座って聴く」などという習慣は、多くの若い人には想像することすら難しいだろう）、音楽教室に通わずとも一人部屋にこもり、パソコンによって作曲・演奏の少なくともまね事をすることが不可能ではなくなっている。

私はときどき、同じ「音楽を聴く」といっても、あの頃とぜんぜん別のことを自分がしているのではないか、かつてと同じ曲の同じ録音を聴いているときですら、知らぬ間に中身はぜんぜん別物になっているのではないかという妙な感覚をおぼえることがある。おそらく音楽の歴史において、この数十年の間に、百数十年前の録音メディアの登場にも比すべき劇的な変化――それを境に何もかもが一変してしまうような歴史の亀裂――が生じていたのだ。これだけドラマチックな歴史の転換点に居合わせる機会は、そうあるものではあるまい。この本でとりあげたテーマの多くは、前世紀にあって私が夢にも想像しなかったようなことがらである。その中には、自分が「ついていけない」と感じているものも多い。ではなぜそういうものもあえて取り上げたかと言えば、前世紀に育った自分が浦島太郎になっているかもしれない、まさにそういう状況こそが、二一世紀に固有の音楽現象にほかならないと考えたからである。

ＡＩに自動作曲をさせようとする科学者たち。日本酒にモーツァルトを聴かせて発酵させる試み。「パーティー用」「元気を出したいとき用」「眠れないとき用」といった指標を貼られたネットによる音楽配信。ネット動画の空間を永遠に流れ続けるありとあらゆる音楽録音。アプリによる作曲とボカロとヴァーチャル・アイドル。ほとんどそれ自体が病的と思えるほどの「癒し音楽」ブーム。三十年前ならこれらはSFの世界だっただろう。誰かが「二一世紀の音楽はこうなる」などと預言をしたとしても、「まさか……！」と一笑に付されたはずだ。私は右に挙げたような潮流の行方に対して楽天的にはなれない。しかし同時にそれらを面白いとも思う。一種の怖いもの見たさである。

かつて第一次世界大戦中に書かれた『非政治的人間の考察』においてトーマス・マンは、ゲーテの「全生涯を通じて自分の足下に同一の文化的基盤を、同一の思想的基盤を感じておれる人は、幸福だといわねばならない」という言葉を、深い共感をもって引用した。マンは一八七五年生まれであるが、自分が依って立ってきた文化的社会的基盤を大戦によって木端微塵《こっぱみじん》にされた自らの運命を、フランス革命の「前」と「後」を横断して生きざるをえなかったゲーテのそれに重ね合わせたのである。

以前の私は、こんなふうに人生の中で世界の風景が一変してしまう亀裂を体験する／体験できるのは、ゲーテやマンのような歴史上の偉人だけであり、こうしたドラマチックな時間の裂け目は自分のような凡人には一生無縁だろうと、漠然と考えていた。「そのとき歴史が動いた」式の、世界が一変するような体験は、偉人伝のヒーローにこそふさわしいフィクションなのであった。しかし最近になって、どうやら自分もまた、SF映画のワープのようにして、言ってみれば何万光年も離れた別の音楽世界に連れてこられたらしいと確信するに至り、あえてこの未来音楽を思い切って覗《のぞ》いてやろうという気になってきた。

本書の書き方は一見したところずいぶんと反時代的に見えるかもしれない。前世紀育ちの人間として私は、今世紀の状況に対し、「あえて」批判的なポーズを強調してみたわけである。ただし「昔はよかった、昔に戻ろう」などと言いたいわけではない。どんなに過去を懐かしもうと、何かは確実に容赦なくますますエスカレートして、行くところまで行くであろう。むしろ私は本書を、「前世紀に生きていた音楽好きが、この三十年くらいをすっ飛ばして、いきなりタイムマシンで二一世紀の現代に連れてこられたとしたら、今の音楽状況がいったいどんなふうに見えるだろう?」という、少々SF的な好奇心でもって書こうと思った。それは、「今」において「当たり前=永遠に変わらない」と思われていることが、数十年もたてば一変するということを、思い切り強調したかったからである。しかしまた、どれだけ音楽を取り巻く環境が激変しようとも、人間が人間である限り変わらないだろうことがらもあるだろう。そういうものを私は大事にしたいと思う。

たかだか三十年程度で音楽はこんなにも変わる。ならばこの先にどんな音楽との出会いが待ち受けているのか。私たちが今「音楽」と呼んでいるものが、五十年後、百年後、あるいは五百年後にいったいどのようなものになっているか。ジョージ・オーウェルの未来小説『一九八四年』ばりの地獄郷《ディストピア》を想像して戦慄するのも一興だ。本書が音楽との出会いの未来形を大胆に想像するきっかけとなれば幸いである。

目次

第三章　日本酒にモーツァルトを聴かせる

第八章　歩け、そして規格外を探せ！

♪「おすすめの音楽」について

〈♪〉を付した段落の音楽については、各章末のコーナー「おすすめの音楽」で動画、ＣＤ、書籍などを紹介している。ぜひ参照してみてほしい。

第一章　音楽は所有できるのか？　――「My Song」について

特に音楽好きというわけでない人でも、きっと一つくらい「思い出のメロディー」を心の中に持っているはずだ。特別な思い入れのあるあの一曲。そのメロディーを口ずさむと、思い出の場所やさまざまな人との出会いが思わず眼前に浮かんでくる、そんな一曲。私が作ったわけでもなんでもないけれど、それでも「私だけの宝物」と思えるような一曲。しかし「私（だけ）の歌」と言うときの「の」ははたして、「私の持ち家」とか「私の貯金」などと言うときと同じ意味での「所有」を意味するのだろうか？　音楽は決して誰かの所有物になったりはしない。だからこそ美しい。この章ではまず、「決して誰のものにもならないがゆえの音楽の愛おしさ」について考えてみる。それこそが、どれだけ音楽を取り巻く状況が変わろうとも決して変わらないもの、私たちが音楽を聴き続ける意味そのものだと思うから。

音楽――完成した瞬間に消滅する芸術

最近しきりに話題になる音楽著作権とは、実にまがまがしい制度である。何か曲を公開で弾いただけで、「著作権料を払え」と待ったをかけられる。二〇一八年にも日本音楽著作権協会(いわゆるJASRAC)が、民間の音楽教室からもビシバシと著作権使用料を徴収する方針を明らかにしたというニュースを耳にした。そのうちお気に入りのメロディーを鼻歌で歌っただけで取り締まられ、罰金を払わされるのではあるまいか。

もちろん音楽の著作権法が成立した歴史的経緯は忘れてはならない。一九世紀ヨーロッパではまだ、他人が書いた音楽を勝手に盗んで、自分のものとして発表するといったことが、平気で行われていた。著作権が確立されて初めて、作曲家は盗まれ放題の貧乏暮らしを脱し、まともな生活を送ることができるようになった。しかし本来、あるアイデアを生かすも殺すも誰が料理するか次第であって、しょぼい旋律が名アレンジャーの手にかかると「忘れじの名曲」になる例は山のようにある。文学やデザインでも同様だろう。音楽に限らず芸術というものは、他人様のアイデアを拝借したりされたりしながら、豊饒なレパートリーを形成してきた。「どこまでが盗作の範疇か」などと法的規制をかけ始めたら、もう芸術は終わりだ。

それにしても音楽とはそもそも、「これはオレのものだ！」と所有権を主張できる「モノ」なのだろうか。美術は音楽と比べてはるかに所有関係が明快である。絵や彫刻はモノだから手でつかめる。独占できる。ときには「これはオレのものだから他人には見せてやらない」とばかりに、他人の鑑賞を禁じることで所有権を主張もできる。

それに対して音楽は、手でつかんで「これ」と差し出すことはできない。それはモノではない。はっきり対象物として眼前にある美術作品と違い、そもそもどこに「在る」のかすらよくわからない。ライブならステージから、録音ならスピーカーから、それが響いてくることは間違いないにしても、ステージ上に、あるいはスピーカーに、音楽は存在しているかといえば、そんなことはあるまい。どこからともなく流れ込んできて、ひたひたと水のようにある空間を浸し、空間を震わせ、そして再びどこへともなく消滅していくのが音楽である。

「完成」ということを考えてみるとますます、音楽というものが実に不思議な芸術であることがわかってくる。文学や絵画の場合、作者が推敲を重ねて「これにて完成」と認定した時点で、新しい作品が生まれる。モノが作られて世に送り出される。しかし音楽――楽譜としての音楽ではなくて、実際に目の前で鳴り響く音楽――は、最後の和音に辿りついて完成した瞬間、跡形もなく消える。まるで花火のように。ヨーロッパでも日本でも、古くから花火が一種の芸術として受け入れられてきたことは言うまでもないが、しかし花火も音楽も形として残

らない。ただひたすら一瞬にして消滅することのために、気が遠くなるような準備が行われる。爆音とともに漆黒の夜空に美しい模様が描き出された瞬間、それは消える。

　音楽の完成とは消滅である。消滅という逆説的な完成を目指してフィナーレへと突き進む芸術。それが音楽なのだ。この意味で音楽はその本質からして、きわめてロマン派的な芸術だということもできるかもしれない。音楽を求めるとは、どこにも存在しないユートピアを見つける旅だ。音楽への情熱に取り憑かれた者は、ついにそれを見つけたと思った瞬間、いつも青い鳥が姿を消してしまうという、絶望の永劫回帰に身をさらすことになる。

　オッフェンバッハの《ホフマン物語》というオペラがある。これはドイツ・ロマン派の小説家にして作曲家でもあったE・T・A・ホフマン原作の三つの短編小説を翻案したもので、ホフマン自身がオペラの主人公として設定されている。この《ホフマン物語》の三つの幕において彼は、各幕で一人ずつ、合わせて三人の女性に恋をする。お人形と歌姫と高級娼婦だ。しかし機械仕掛けで動く美女のお人形オランピア――ホフマンはそうとも知らず彼女に恋をする――は最後に壊れてしまい、瀕死の歌姫アントーニアは命にかかわるからと歌うことを禁じられているにもかかわらず、悪魔に魅入られたように渾身の力で超絶技巧のアリアを歌いながら命の炎を燃やし尽くしてしまい、そして高級娼婦ジュリエッタはダイヤモンド欲しさに悪魔に操られ、ホフマンの影を奪った挙句、彼をあざけりつつゴンドラで去っていく。幕の終わりでいつもホフマンは絶望して崩れ落ちる。三人の女性がいずれも「音楽」の象徴であり、このオペラは音楽に恋をする者の宿命的な失意を主題にしていると考えて間違いあるまい。〈♪1〉

音楽が内心を打ち明けてくれるとき

ある曲に夢中になるとき、まるで恋するホフマンのように、人はなんとかそれを手に入れたいと思う。しかしどこに「在る」のかもわからず、完成したと思ったら消滅するこの音楽という魔物は、いったいどんな瞬間に「わがものとなってくれた」と感じられるのか?

ふつう真っ先に考えられるのは録音であろう。それによって音楽を再生可能なものとできる。消えないものにできる。一種のモノとすることで自分の手元に残せる。不安になったときは録音を聴けばいい。「ああよかった、確かにこれはまだ自分の手元にある、まだ自分のモノだ……」——そういう安心感が少しは得られるかもしれない。このように録音された音楽は、かなり所有性が強い。ただし音楽の本来のありようはライブにあると考えるのであれば、録音された音楽など干からびたミイラのようなものにすぎないことは、多くの人が知っている通りである。

ある曲への恋心が募ってくると人は、ただそれを受け身で鑑賞しているだけでは満足できなくなってくる。かくして、通り一遍に表面を聴くだけではなく、その曲の内奥を知りたいという欲望が臨界点を超えると、私たちは自分でそれを歌い奏でたいという衝動を抑えられなくなる。鼻歌で歌うことから始まり、ポピュラー系ならコピーへ、クラシック系なら楽譜を買って自分で弾いてみる方向へと、所有への情熱はエスカレートしていく。どんなに下手でも自分でする音楽は、きれいに整った他人の演奏をただ聴くときとは比べ物にならない悦楽をもたらす。曲が自分だけにその内面の秘密を打ち明けてくれるようなときめきがある。

おそらくえり抜きのプロともなれば、練習もせず楽譜も見ずとも、無数の曲が即座に弾ける（歌える）ようになっているのだろう。彼らの身体には膨大なレパートリーがあらかじめセットされている。自分の身体の中にレパートリーを「持っている」。人間ジュークボックスみたいなものだ。こういう人たちこそ、音楽の所有に一番近いところにいるのだと思う。この世のありとあらゆる音楽が自分の身体の「中」にあって、いつでもどこでも、まるで自宅の戸棚の引き出しを開けるようにして、それを取り出せる。なんとうらやましいことか。

だがそんなプロにしても、「あの曲のあのときの演奏は自分の生涯で最高だった、完璧だった」と思う経験をしたとして、そのときの出来映えを、フィルムを再生するみたいにして、任意にいつでもどこでも反復することはできまい。だからこそ彼らもまた、「あの出来映え」をもう一度手に入れようとして、何度も何度もその曲に挑戦するのだろう。「やはりあのときの演奏には及ばなかった……」という失意が待っていることも多いはずだ。

音楽を確かな自分の所有物として手元にいつも保有しておくことはできないという意味で、膨大なレパートリーを身体の中に所有している本職の音楽家も、結局のところアマチュアと同じだ。こうやって考えてくると、「音楽」という女神を追い求める人間というものは、ある対象を一度征服すれば「はい次」とばかりに別のターゲットを渉猟するドン・ファン型ではなく、ひたすらある理想を追い求める一筋型なのではないかという気がしてくる。

もちろん録音音楽の場合は事情は別である。時間の中で繰り広げられるライブ――どんなアクシデントが起ころうが時間を逆回しすることはできない状況での音楽――と違って、録音音楽は納得がいくまで推敲することができる。録り直して修正を繰り返せる。たとえばあるテイクの歌のパートの一部だけを録り直して、元のテイクに貼り付けるなどという芸当もできる。この意味で録音音楽は、時間芸術というよりも、むしろ絵画（あるいは小説や映画）に近い。「完成品」として仕上げることができる。何度繰り返して聴いても使い減りならぬ聴き減りしない商品として、それを売ることが可能になる。だが本来音楽がもっているはずの魔力は、そこでは消されてしまう。

商品として売り買いできるCDは別として、本来の「生の」音楽は、誰もそれをつかむこともできず、手元に残すこともできない幻であって、この点で現実離れした美貌を誇るカリスマ女優などに似ているのかもしれない。それは実体ではない。永遠の幻影だ。だからこそ、その魔力が人々を惹きつける。彼や彼女の結婚のニュースがファンを絶望のどん底に陥れるのは、誰のモノにもならないはずの美しき幻影が、「……の夫／妻」といった形で、即物的な所有関係の中に組み込まれてしまう不条理のゆえかもしれない。幻が消える――まさに「幻滅」するのである。音楽も同じ。所有関係の過度な主張は音楽という幻を殺す。

芸術は所有する者を呪う？

しかしながら音楽に限らず、はたして偉大な芸術作品というものは、いったい誰かのものになったりするものなのだろうか？　プルーストの『失われた時を求めて』全巻を買いそろえたからといって、それをわがものとしたことにはなるまい。だからといって、たとえがんばって通読したとしても、一度読んだくらいではストーリーの細部などあっという間に忘れてしまうだろうし、むしろどうやっても手が届かない無力感を思い知らされることになるのではなかろうか。あらゆるレパートリーを即座に弾ける演奏家よろしく、原語で初めから終わりまでそらで朗読できるくらいの人ならば、「自分はプルーストをついにわがものとした」と思えるのかもしれないが、そんなことは――専門の研究者であっても――まず不可能であろう。

それに比べると美術は、すでに示唆したよう、「所有」の概念にもっとなじみやすい。絵はモノであるし、だからこそ資産運用（あるいは賄賂）の目的で取引されたりもする。しかしレンブラントを、ゴッホを、若冲を所有しているからといって、そのうらやむべき所有者は心を本当に満たされているのか。むしろ所有者であるにもかかわらず、作品がどうしても内心を自分に打ち明けてくれない、つまり自分のものになってくれないという焦燥を感じるのではないか。

かつてバブル時代にゴッホの名作を片っ端から蒐集し、自分が死んだらすべて棺桶に入れて、自分と一緒に焼いてくれるよう遺言に書いた金満家がいた。当然のように彼は世間から大ひんしゅくを買った。しかし彼が感じていたのもまた、たくさん集めてはみたものの、どうやってもそれらが自分に心を開いてくれないという、深い虚無感だったのではないだろうか。

こんなことを考えるときいつも、私の頭を「呪い」という言葉がよぎる。真の芸術とはそれを所有しようとする人間に呪いをかけるかもしれないと思うのだ。ツタンカーメンの黄金のマスクを個人所有したりしたら、いったいどうなるだろう？　夜ごとたった一人きりで、あの謎めいた目と見つめ合う。この所有者は間違いなしに気が狂ってしまうだろう。もちろんツタンカーメンのマスクは近代的な意味での「芸術」として作られたわけではない。ラスコーの壁画やトーテム・ポールと同じく、それは呪術であったのだろう。だがツタンカーメンのマスクと同種の呪術的なものは、たとえばダ・ヴィンチの『モナリザ』の笑みにも感じられるはずだ。芸術と呪術はごく近いところにある。そして偉大な芸術は、完成して何百年何千年と経ってなお、その魔力を失わない。

芸術が本来秘めていたこんな呪いを脱魔術化しようとして、近代社会はそれをなんとか安全に鑑賞できるさまざまな社会制度／施設を考案してきた。それが美術館でありコンサートだ。世界で最大級の美術館であるルーヴルは、フランス革命の後に人々が宮殿の一部を開放して、そこに国王の所有物だった美術品を陳列して一般に公開した。切符さえ買えば誰でも音楽を聴けるという意味では、コンサートもまた美術館と同じ公共芸術鑑賞制度であり、ほぼ美術館と同じ時期に制度の枠組みが生まれた。芸術という魔物を恐れる近代人は、芸術作品をまるで化石標本よろしくミュージアムの陳列ケースに入れ、「もう生きていません、魔法はありません」と言わんばかりにラベルを貼り付けて回った。絵に添えられる「○○作　△△　……年」のラベルも「種名×× ○○出土 推定ジュラ紀前期」といった化石標本のラベルもよく似ている。

しかし偉大な芸術作品は、たとえ「よき市民たちのためのうるわしき教養」という美名のもと、美術館やコンサートホールといった檻の中に囲い込まれようが、その魔力を常に隠し持ち続けている。夜の美術館（『ナイトミュージアム』）やオペラ劇場の地下（『オペラ座の怪人』）や血塗られたヴァイオリン（『レッド・ヴァイオリン』）が映画の格好の題材になるのは、理由のないことではない。夜になって誰も客がいなくなると、昼間は姿を隠していたこの世ならぬ者たちが一斉に蠢《うごめ》き始める――このイメージが人々にきわめてリアルなものとして感じられるからこそ、この手の映画は大ヒットするのだ。

また音楽についていえば、少なくともかつて、楽器とは木や動物の皮、そしてときとして骨（象牙）で作られていたことを思い出しておきたい。悲鳴を上げながら切り倒された森の木の妖精、そして槍で殺された動物の魂が歌い始めるのだ。またトランペットやホルンといった金管楽器は、古くより軍隊や狩猟といったイメージと深く結びついていたが、これは木を切り倒し獣を殺したナタや剣や槍の象徴ではなかったか。音楽を奏でるとは本来、供儀《くぎ》の儀礼の再現なのだ。

哲学者のアドルノに、さまざまな打楽器が含意する人類学的な記憶の古層を論じた面白いエッセイがあって、たとえばティンパニーについて、彼は次のような光景を思い描く。いわく

「今日でもティンパニーの打ちならされるのを聴くと、タマゼセという族長の名前が蘇ってくる。と同時に、ティンパニーはそもそも族長に囚われた者たちの頭上で演奏されるものであり、あるいは野蛮人が人間の肉を茹でる鍋でもあるということが思い出される。打楽器は人身御供にとってかわったのか、それとも今なお人身御供を命じ続けているのか。今日の音楽の中でティンパニーは、太古の痕跡として響いている。それは芸術に受け継がれた暴力、あらゆる芸術的秩序の根底にある暴力の遺産なのだ」。

今日のように楽器がプラスチックで作られるようになると、命あるものを奪って音楽を奏でるという呪術的記憶はすっかり消え果て、音楽演奏は単なる娯楽となって、楽器が本来持っていた生贄《いけにえ》の儀式の記憶を、私たちは忘れがちだ。だがかつて楽器とはただのモノではなかった。ティンパニーは捕虜を茹でる釜だったのかもしれないのだ。こんな魔物が潜んでいる楽器で奏でる音楽を、いったい「所有」などできるものなのかどうか……？

『小説家の休暇』（新潮文庫）というエッセイの中で、三島由紀夫は音楽が隠し持つこうしたデーモンを正しく見抜いている。彼によれば「音という形のないものを、厳格な規律のもとに統制したこの音楽なるものは、何か人間に捕らえられ檻に入れられた幽霊と謂った、ものすごい印象を私に惹き起こす」。しかし三島はこんな音楽の呪いと深く関わる気はないようだ。「私は、いつも制作に疲れているから、こういう深淵と相渉るようなたのしみを求めない。音楽に対する私の要請は、官能的な豚に私をしてくれ、ということに尽きる。だから私は食事の喧騒のあいだを流れる浅はかな音楽や、尻振り踊りを伴奏する中南米の音楽をしか愛さない」。怖いから近寄らない——それはよくわかる。だが音楽という深淵の虜になった人間としては、こんなふうに言われると少し寂しい。

「私たちの歌」と国民歌謡の時代

命がけの恐ろしい思いをせずして、しかし音楽と深く関わり、かつ確かにそれが「わがもの」と感じられるような、そんな音楽とのつきあい方はないものか？　こんなことを考えるときいつも私の頭に浮かぶのが、「私の歌」とか「私たちの歌」といった言い回しである。たとえ単数で「私の歌」というときでも多くの人は、「私と同じように他の人たちもこれを『私の歌』と思っているはずだ」と確信している。「私の」歌なのだけれど「私だけの」歌ではない

――これが「私（たち）の歌」という形での音楽の所有を考えるときの要点だ。

いったいどのような音楽を私たちは、「これこそ私の歌、いや、私たちの歌だ！」と感じるのか？　おそらく交響曲のように複雑で大規模で偉大な音楽には、「私（たち）の歌」といった形容は似合うまい。「私（たち）の歌」はもっとさりげない方がいい。すぐに人の耳に入ってきて、誰に聴かせるともなく口ずさめる、ごくシンプルなメロディー。ときとして陳腐なことすらあるだろう。たとえば昭和歌謡の名作のように。どこかかすかな陳腐さが混ざりこんでいることこそ、「私（たち）の歌」の必須条件なのかもしれない。そして「私（たち）の歌」はまた、初めて聴いたときから、初めてというかんじがしないことが多い。最初の一節を耳にしただけで、「あ……私はこれを知っている」、「私はこれをもう聴いたことがある」、「私はそれを待っていた」、「ここで歌われているのは私のことだ」といった感慨が喚起される……。

先にも引用したアドルノが、シンプルで深く人々の間に浸透していく「私たちのメロディー」の特質を、次のように説明している。つまり「完璧そのものといったメロディーの多くには、それが引用のように聞こえるという奇妙なところがある」というのである。何らかの他の作品からの実際の引用ではない。アドルノに言わせるとそれは「隠された音楽の言葉からの引用」なのであり、「そこから耳は断片だけをかろうじて聴き取る」という。難解な表現ではあるが、砕いて言えば、それは「あれ……？　このメロディーはもう知っている、その一部をどこかで耳にしたことがある……」という錯覚を引き起こすということであろう。

彼がこうした旋律の典型として挙げるのは、ビゼーのオペラ《カルメン》の有名なハバネラの長調の部分である。オペラとはいっても、ほとんど歌謡曲並みに世界の人々に口ずさまれてきた、「私たちの歌」だ。アドルノによれば、「これは初めて聴いたすべての人が既に聴き覚えがあると感じるところの根源的引用」である。そして彼はつけ加える。「陳腐なものの権利はひとえにこうした記憶の深みにかかっている」。人はこうしたメロディーを陳腐と言うかもしれない、しかしそれは人々の何かしら集合的な記憶――誰もそれ自体を耳にしたことがないのに、誰もがすでに知っていると感じるメロディーについての記憶――を喚起するのであって、歌謡曲のような陳腐な旋律にこそ、こんなふうに神がかった何かがときとして宿ると、アドルノは言いたいのであろう。

偉大な芸術的大作ではなく、一見して陳腐とも聞こえる俗謡にこそ、メロディーの魔術は宿る――これはとても重要なポイントだ。ベートーヴェンの交響曲がいかに素晴らしいか、人は楽曲分析をしてみたり、そこに込められた形而上的理念を明らかにしたりすることでもって、雄弁に「語る」ことができる。しかし「私（たち）の歌」はこうした分析的理性からするりと逃れる。《帰れソレントへ》のようなナポリ民謡、ガーシュインの《サマータイム》、あるいは日本の昭和歌謡の傑作、たとえば《リンゴ追分》など何でもいい。これらを前にした分析的形而上的饒舌は、カルメン相手にヘーゲル哲学の文体で口説くのと同じくらい無意味で無粋だ。

国民国家の時代の一九世紀、まだ独立を果たしていない民族は、いつか自分たち自身の国を作ることを夢見て、まずは「自分たちの歌」を創出することに懸命になった。「私たちは一つなんだ、一つの民族なんだ！」と確信させてくれるメロディーを希求した。スメタナとかドヴォルザーク（チェコ）、ショパン（ポーランド）、リスト（ハンガリー）、グリーグ（ノルウェー）、シベリウス（フィンランド）といった、いわゆる国民楽派の作曲家たちは皆、こうした国家建設運動の中から登場した。スメタナの《モルダウ》やシベリウスの《フィンランディア》のメロディーは、そんな「私たちの歌」の典型である。また世界の国歌の大半も一九世紀に作られたものだし、戦後昭和の時代の紅白歌合戦で歌われていた歌謡曲も、こうした一九世紀的な「私たちの歌」創出運動に連なるものだったと考えていい。

国民歌謡とは「老若男女を問わず、全国津々浦々で口ずさまれる私たちの歌」であり「皆がこれこそ私の歌だと感じる歌」、すなわち人々の根源的な記憶の深みから聞こえてくる歌のことである。日本における最後の文句なしの国民歌謡の一つが山口百恵の《いい日旅立ち》だったことに、おそらく多くの人に異存はあるまいが、あれがヒットしたのは一九七八年であった。国鉄がJRに移行する十年前、つまり「日本国有鉄道」がまだ存在していた時代の「ディスカヴァー・ジャパン」キャンペーンのCMに、それは使われた。

意味深長な符号である。どんなに赤字が出ても、そこに人々がいる限り鉄道を通しましょう、都会の人も辺鄙《へんぴ》な村の人もみんな一つ、日本の全国津々浦々を再発見しましょう、歌を通して心を一つにしましょう――この「私たちの歌」の背後にはこんな理念が込められていたのかもしれない。そして「国が一つになる」ではなくて「地球が一つになる」というグローバル化の時代が始まると、マイケル・ジャクソン／ライオネル・リッチーの《We are the world》（一九八五年）が、「私たちの歌」として大ヒットすることになる。そして二一世紀の今日……「私たちの歌」はたぶんもうどこにもない。〈♪2〉

My song が Our song になるとき

いうまでもあるまいが、「私（たち）の歌」に、「これがわかるのはオレ（たち）だけだもんネ」という、いかにもコアなファンが抱きがちな選良意識は似合わない。真の「私の歌」を、私だけで独占所有することができない。不思議なことだ。なぜかはわからないが、私たちは「私の歌」を誰かと分かち合いたくなる。相手は誰でもいい。「私たちの歌」がしばしば陳腐までにシンプルで感傷的だったりするのもそのせいだ。一部の人間にしかわからない複雑なものは、「私たちの歌」にはならないのだ。「私たちの歌」は個人所有の概念を無に帰してしまう。

逆説的にも「私の歌」は、誰かそれを歌う喜びを共有できる相手を見つけ、「私の」から「私たちの」歌になったときに初めて、真にわがものとなってくれる。

私がこんなことを考えるようになったきっかけがある。偉大なジャズ・ピアニストのキース・ジャレットが一九七八年に東京の武道館で開いた、ソロ・コンサートのライブ録音である。キースはこの頃、あの伝説的な《ケルン・コンサート》のレコードの大ヒットもあって、頻繁に長大なソロの即興演奏をしていた。この武道館でのソロはケルン・コンサートをもしのぐ出来栄えで、レコード化されなかったものの、FM放送を録音したものが今ではネットで聴ける。

この演奏のすさまじさについては実際に聴いていただくほかないが、アンコールで弾かれたキースの自作《My Song》は、コンサート本編をさらにしのぐ素晴らしさだ。穏やかに澄んだ子守歌のようなメロディーがどこからともなく響いてくる。涙なしにこれを聴ける人がいるだろうか。そして何より感動的なのが、アップされたこの録音につけられた、数多の書き込みである。忘我的な熱狂と感謝の数々。そして驚くべきことに、この四十年前のコンサートに本当に居合わせた人からの、万感を込めた回想もある。「いまだに自分でもそれを信じられないのだが、私はこのコンサートの聴衆の中に確かにいた。まさかあの音楽を生きているうちに再び聴く日が来るとは思わなかった」といった海外からとおぼしき英語の感想まである。

この奇跡的な音楽をネットで初めて聴いた人。本当にその場に立ち会っていた人。両者の感概が交錯する。これこそネット動画が可能にしてくれた最も素晴らしい音楽の絆だと、私は思う。そしてさまざまな感想を読みながらあのアンコールの《My Song》を耳にするとき、これが録音された一九七八年十二月十二日、確かにこの地上に音楽の神様は降臨していたのだという確信が生まれる。音楽は完成した瞬間に永遠に消滅する逆説的な芸術だ。しかし体験したものについて語り合い、その記憶を共有する誰かを見つけたとき、永遠に消滅したはずの奇跡の瞬間が今ここでの実在になる。「My Song」はいつしか「Our Song」になる。〈♪3〉

♪3　**キース・ジャレット**の武道館でのライブは絶対に聴いてほしい（Keith と Budokan ですぐ検索できるはず）。これを聴けば「奇跡」とか「神の降臨」といった表現が比喩ではないことがわかると思う。ライブ演奏ではほんのときたま、こうしたとてつもないことが起きる。また会場の気配が非常に生々しく収録されていることにも注目。「気配」こそは音楽の生命線だ。

おすすめの音楽 *Vol. 1*

♪1　聴くのは初めてのはずなのに、すでにいつかどこかで耳にしたことがあるような気がするメロディー。前世でそれを耳にしていたんじゃないかという気すらするメロディー。いつでもそこにあって、すぐに手が届きそうなのに、つかもうとすると霞のように消えてしまう誘惑のメロディー。こうしたメロディーこそ音楽の最も根源的なかたちだとすると、私にとってその最高峰は、**オッフェンバッハ**のオペラ《ホフマン物語》に出てくる有名な〈**ホフマンの舟歌**〉である。

♪2　耳にした瞬間、無意識に「あ……この歌を私は知っている、聴いたことがある、これは私の歌だ……」とすべての人に感じさせることが国民歌謡の絶対条件だとすると、**美空ひばり**が歌った《**リンゴ追分**》と**山口百恵**が歌った《**いい日旅立ち**》は、こうした「いつかどこかで聴いたことのあるメロディー」の代表だと思う。特に前者については最近もジャズ・バージョン、そして尺八のソロで耳にする機会があり、あらためてそれが「不滅のメロディー」であることを再確認した。こんな歌が生まれなくなったことは、単に音楽業界だけの問題ではなく、今日の社会状況の危機——社会の分断とモザイク化——のあらわれかもしれない。なお**マイケル・ジャクソン／ライオネル・リッチー**の《**We are the world**》は、リアルタイムで経験していない若い人には想像が難しいかもしれないが、東西の壁が崩壊した時代にあって、まだ到来せぬ21世紀の夢、世界が一つになる夢を一瞬垣間見せてくれた歌である。

第二章　音楽を神とする共同体

その起源においてあらゆる音楽は、深く宗教儀式と結びついてきた。対するに今日の私たちは、ふだん音楽を聴くとき、別に神様のことを考えたりなんかしない。近代以後の社会において音楽は、宗教から切り離され、「娯楽」だということにされてきた。しかしそれでもなお、ＡＫＢやエグザイルに熱狂するファンを思い浮かべればわかるよう、音楽経験の根底にはかつての祈りや奉納儀式や集団的熱狂の記憶が残っている。その気はなくとも私たちは無意識のうちに、宗教的啓示を求めて音楽を聴いている。これもまた、音楽を取り巻く状況がどれだけ変わろうとも、人間が人間である限り決して変わらないだろうことがらの一つだ。音楽は一種の宗教的共同体（いまどきの表現を使えば「絆」）を作る力を持ち続けているのであり、さらに言うなら、新しい音楽は新しい人間の共同体のありようを啓示してくれているのかもしれないのである。

芸術も科学も「別世界」を見せる

今日では芸術は「感性」に、そして科学は「理性」に属するものというのが半ば常識になっていて、両者は互いに相容れない人間の精神活動の領域と考えられているふしがある。「芸術は感性なんだから、理屈なんか考えずに、自由に想像力をはばたかせればいいんだ」とか、あるいは逆に、「科学は感性じゃなくて理性なんだから、実証できないものを科学に持ち込むのは客観的じゃない」とかいった決まり文句を口にするとき、人はこの「感性≠理性」の二分法にはまりこんでいる。しかし本当に「感性＝主観的＝証明できない」VS.「理性＝客観的＝証明できる」なのか？　両者は水と油のように相容れず、理性と感性の中間にオーバーラップ領域はなく、そして両者を足せばこの世の中になると信じるなんて、あまりに単細胞すぎる。

古くから芸術は深く科学的認識と結びついていて、そもそも科学性なくしては大傑作など生まれようがないということは、たとえばダ・ヴィンチなどを考えればすぐにわかるだろう。『最後の晩餐』の構図は、芸術だの感性だのという以前に、まずは科学的空間認識だ。三次元の奥行があって、座標軸的でシンメトリックかつ均質で、すべてが中心点からの遠近によって階層化され、統合された空間。これこそデカルトやニュートンが思い描いたのと同じ世界像ではなかったか。世界の新しい見え方を数式や図の代わりに絵にすると、あのようになるのであって、それは単なる「きれいな絵」などではなく、新しい世界観の設計図なのである。こんな例はいくらでも挙げることができるし、ハートと感性だけで芸術創作を試みるなど、物理学的知識もなしに建築設計をしようとするに等しい。そんな建物はあっという間に瓦解してしまうだろう。

同じく近代科学もまた、少なくともガリレオとかニュートンとかアインシュタイン並のブレークスルーは、単なる「発見」というより、啓示とか幻視とかに近いものだったのだと私は信じる。彼らにはきっと、ある瞬間に突如として、まったく別の法則で世界が動いているのが視《み》えたのだ。ダ・ヴィンチのように絵を描く代わりに、彼らは数式を記した。しかし彼らにはきっと数式化する以前にもう、画家の心の中に特定の「像」が浮かぶのと同じようにして、まったく新しい「世界の像」が視えていた。それは蟻のごとくコツコツと実証を積み上げていけば自動的に至るようなものではなく、預言者が雷に打たれたように別世界を視るのにも似た経験だったはずだ。

偉大な芸術家について、ある瞬間に突如としてそれまで聴いたこともないような響きが聞こえてきたとか、次の作品が眼前にまざまざと視えたといったエピソードが語られる。同じようにアインシュタインはあるとき、自分が光の速さで光を追いかける夢を見て、これが相対性理論の出発点になったと言われる。これは芸術家における霊感の一瞬ときわめて近い経験であったと想像される。

芸術は科学であり、科学は芸術である。芸術は人が思っているほど気ままでファンタスティックなものではない。科学を欠いたハートだけの芸術は主観的なたわごとの類に終始するほかない。同じように、感性と幻視を欠いた科学はただのテクノロジーであり、それは日々の生活の利便性を向上させてくれはするだろうが、世界観のブレークスルーには至るまい。

天才科学者にはガリベン的勤労の美徳より天才芸術家の幻視がお似合いだ。「この」世界の中でいくら「1＋1＝2」式の労働を積み上げても、「こちら側」の世界の中で牛歩の歩みを続けるばかりで、「別の」世界への道は開けない。別世界を視るためには亀裂と跳躍が必要だ。しかし「こちら側」の世界の中にいて、その中での「客観性」を不滅の真理のように信じ込んでいる人から見るなら、別世界を視るとは狂気であり幻視であり、科学の芸術化と見えるやもしれない妄想である。

近代世界は科学と芸術を脱魔術化する

「別の世界を視る／見せる」という意味で、芸術と科学はかつての魔術師や預言者や錬金術師たちの双子の末裔《まつえい》である。周知のようにあらゆる芸術は古来、今では「科学」と称されているものとともに、神権や王権と深く結びついた「魔術」であった。たとえばピラミッドの美しい幾何学形や、巨大な尖塔をもつ教会や、そこで鳴り響く不思議なオルガンの音は、神の王国の奇跡を民衆に見せるための魔法であり、その演出には感性のみならず、ありとあらゆる同時代の科学的知識が総動員された。

統治手段としての魔術は、古くから権力（神や王）と深く結びついており、そもそも魔術もとい芸術／科学をもたなかった古代文明など皆無だろう。とりわけ音楽は芸術の中で最も情動的な芸術として、あらゆる神権統治にとって不可欠であって、図像を禁じる宗教はまれにあるにせよ、音楽（歌）を禁じた宗教というものを、私は知らない。

しかるに近代市民社会は、魔界に通じる危うい存在としての芸術／科学を、一生懸命脱魔術化してきたと言えるだろう。まだアインシュタインくらいまでは魔法使いの弟子的なオーラをまとっていたと思われる科学者たちだが、今の科学にもはや不透明な魔術性はみじんも残っていない。「もはや魔術ではない」と自己証明することこそ、近代科学の発展の最大のモチベーションだったのかもしれない。それは「社会をよりよくしていく」という国家プロジェクトに奉仕する立派なツールでなくてはならず、そこには誰もが平等にアクセスできて、原理的には誰もが理解可能で、誰がやっても同じ結果になるという透明性を担保することが、その至上命題である。科学においてすら、本当の「客観性」などというものがはたして在るのかどうか、きわめて疑問であるにもかかわらず、である。

科学を脱魔術化するためのツールが「コレハモハヤ魔術デハナイ」という「客観性」という名の呪文だったとすれば、芸術から魔術性を剝奪するためのキーワードは「娯楽性」である。つまり人は、たとえ美術館やコンサートホールで一時的に別世界に遊んだとしても、それはあくまで日々の労働のための気晴らし――リクリエーションとは要するに労働意欲の「再充塡」のことだ――以上のものであってはならず、そのままあちらの世界へワープしたりすることなく、いったん会場の外に出ればすぐに我に返らねばならない。

それは「マジックショー」であって、本物のマジックになってはいけない。「コレハ魔術デハナク奇術娯楽ダ」という呪文もまた、客観化の一種だ。奇術ならば――科学と同じように――「客観的な」タネと仕掛けがあるわけだし、少なくとも原理的には誰でもそれにアクセスしマスターすることができるし、練習さえすれば誰がやっても同じ結果になるはずなのだから。

ちなみに「教養としての芸術」といった発想も、この「娯楽としての芸術」の一変種であって、芸術を「お勉強」の対象とすることでもって、その魔術性を奪い人畜無害化する方策の一つだったと言える。

しからば「魔術を手なずける近代のプロジェクト」ははたして成功したかと問えば、もちろん答えは否である。二〇世紀の科学はこの世界を一瞬で滅ぼす原爆の呪文を見出した。そして二一世紀においては、地上のほとんどの人間を不要のものとするようなＡＩという名の傀儡《かいらい》の開発に、日々科学者たちは邁進《まいしん》している。そして同じく二〇世紀において音楽や映画は、単なる娯楽のフリをしながら、世界中の人々を洗脳し続け、ときに戦争へ向かって駆り立ててきた。芸術は世界観の刷り込みである。数多のハリウッド映画やポップスは、ほとんど世界規模の洗脳装置だと言いたくなるほどだ。かつてとまったく変わることなく、芸術も科学も魔術であり続けているのである。

三輪眞弘《またりさま》について

芸術や科学は「世界」を見せることができる。「これがこの世界だ！」「世界はこうなる！」「世界はこうあるべきだ！」という像が示せる。だからこそ権力者たちはこれら魔術師の末裔を常に必要としてきた。逆の言い方をするなら、別世界を招き寄せたいのであれば、別種の魔術――芸術や科学――をもってくる必要があるとも言えるだろう。権力の交代とは世界観の交代であり、魔術師の交代である。だからこそ新しい支配者はしばしば、「古い歌」を廃棄して、「新しい歌」の創出に血眼になった。

明治政府は伝統的な邦楽に代えて洋楽を導入し、全国津々浦々で学校唱歌を歌わせる制度を敷いた。ルターは従来のローマ・カソリックの歌（グレゴリオ聖歌）に代え、プロテスタント・コラールという別のタイプの歌を信者たちに広めた。一九五〇年代後半から出てきたフリージャズは公民権運動と深く結びついており、従来のジャズに色濃く残っていたヨーロッパ音楽の要素の名残り――とりわけハーモニー――を徹底的に破壊しようとした。これは白人的文化のシンボリックな全面破壊であった。

新しい神の創出は古い歌の滅却を伴う。新しい歌が純粋に音楽内的な要請から――つまり非政治的に――生まれてくることは少ない。新しい音楽様式の誕生は必ず、古い神の打ち毀《こわ》しと新しい神への希求を伴っている。「神」を云々することに違和感があるなら、「新しい世界観」と言っても、「理念」と言っても、「共同体」と言っても、「権力」と言ってもいいだろう。この意味で芸術におけるあらゆる新様式の創出は革命的である。

新しい歌の創出とは新しい世界像の創出である――このことをはっきり意識的に創作主題

としてきた作曲家に三輪《みわ》眞弘《まさひろ》がいる。彼は長い間、二進法によって作曲にこだわってきた。通常のドレミファ音階は七進法である。白鍵はド・レ・ミ・ファ・ソ・ラ・シときて、次が再びドに戻る、つまり七つ進めば元に（ドに）戻る七進法である。白鍵だけでなく黒鍵も使うとすれば、一オクターヴには十二の音があって、ド・ド#・レ・レ#・ミと半音で進んでいって、十二の音を経由したところでまた元（ド）に戻るから、これは十二進法だ。あるいは民謡で用いられるのは五音階だから、これは五進法ということになる。それに対して二進法の音楽とは、たった二つの音だけでやる音楽、具体的には鈴とカスタネットだけで作られる音楽である。

彼の《またりさま》という作品は、こうした二進法によって作られた、とても興味深いパフォーマンスである。三輪の指示によれば、これは次のような手順で演奏される。まず八人のプレーヤーが同じ方向に輪になって座る（全員が前の人の背中を見ている）。全員は両手に楽器、つまり右手に鈴、左手にカスタネットを持ち、「鈴カケのルール」なるものに従って、自分の肩がたたかれたら自分の前に座っている人の肩をたたいて楽器を鳴らす。この「鈴カケのルー

ル」とは次のようなものだ。

まず各自は自分が最後に鳴らした楽器によって、以下の規則に従い次の番に鳴らすべき楽器を決める。つまり自分が最後に鳴らしたのが鈴のときは、次に自分の背中で鳴らされたのと同じ楽器を自分も鳴らす（背後で鈴を鳴らされたら自分も鈴、カスタネットなら自分もカスタネット）。そして自分が最後に鳴らしたのがカスタネットなら、次に自分の背中で鳴らされたのとは違う楽器を鳴らす（鈴が鳴らされたら自分はカスタネット、カスタネットが鳴らされたら自分は鈴）。

三輪によればこのルールは、コンピューターで用いられる二進法――いわゆるＸＯＲ演算方式――の0と1とを鈴とカスタネットに置き換えたもので、つまりコンピューターの中で起きていることを、生身の人間が鳴らす音でもってシミュレーションしようとする試みなのだが、《またりさま》で何より面白いのは、作品解説として「またりさま儀式の由来」についての説明なるものが添えられていることだ。

いわく「人々から『おまたりさん』として親しまれている『またりさま』は古くから秘境として知られるマタリの谷に伝えられた伝統芸能の名である。収穫祭の終わりに村の未婚男女が集まり奉納されるこの『またりさま』は、若者たちが互いの背中だけを見た状態のまま翌日の明け方まで続けられ、毎年静かで不思議な祭りのクライマックスとなる。輪になるよう列をなして並んだ男女たちは邪気払いの鈴と木片を両手に持ち、村に伝わる『鈴カケ』というしきたりに従い、長時間にわたる緊張状態の中でひたすら『演奏』を続ける」——いかにももっともらしい民俗誌的伝承のように見えるが、もちろんフィクションである。

この《またりさま》に限らず三輪作品には、必ず架空の過去の民俗誌的な風習儀式の類の解説が添えられる。たとえばじゃんけんを模した三進法のルールに基づくパフォーマンス《ヂャイ神楽 算額奉納》には、次のような「お話」がついている。すなわち千葉《ちば》胤秀《たねひで》（関派の和算家）の弟子の一人に鷹嘴《たかのはし》侍相之介《じあいのすけ》という和算の天才がいたが、あまりに斬新すぎる理論のゆえに破門となり、失意のうちに彼はそのままどこかに姿を消した、ところが近年になって仙台のある神社で、侍相之介が残した舞踏手本が見つかり、彼はそこで西洋数学とも和算ともまったく違う計算術を踊りの形で書き残していたというのである。もちろんこれまたフィクションである。

私としては三輪のメッセージを次のように翻訳してみたくなる——そもそも新しい音楽ルールは新しい共同体が要請するものであって、音楽家が勝手に新ルールを考案しても、背後の「人々」の支えを欠く限り独りよがりになるだけだ、しかし新しい歌を要請してくれる新しい世界がなかなか見えてこないのであれば、いっそ新しい音楽ルールをまず創ってしまえ、たとえフィクションであってもかまわないから、このルールを生み出した世界がかつてあった（かもしれない）ことにしてしまえばいい、そうすればやがて新しい歌から新しい世界が生まれ

てくることもあるかもしれない、と。〈♪4〉

音楽ルールと身体調教のカルト性

「音楽は気持ちだ！」「音楽は表現だ！」「音楽は自由だ！」と信じている人にはなかなかわからないかもしれないが、音楽は諸芸術の中でも最も情動的であると同時に、最も厳格な芸術である。それにはルールがある。固有の理論がある。西洋クラシックでもジャズでもバリ島のガムランでも雅楽でも《またりさま》でも、それは変わらない。たとえば西洋音楽ではドミソの和音が指定されているところに勝手にファ♯を混ぜてはいけない。シレソの和音の次にファラドの和音を持ってくることも、原則として許されない。

そして音楽は生身の人間によって奏でられるものだから、こうしたルールはただの机上の抽象ではなく、生きた具体的な身体へと受肉されねばならない。完璧にルール通り実施ができる身体を調教しなければいけない。ハ長調でドレミファソラシド音階を弾くことを求められているときに、うっかりソの代わりにソ♯を弾いてはいけない。それは「ミス」としてとがめられる。コミュニティー内部の人間にとって、これは神をも恐れぬ大罪なのだ。だからこそ人は、何も考えずともいつでもルール通りに弾ける自動化された身体を、何が何でも作り上げねばならない。かくしてたとえばピアノ学習者は来る日も来る日も、まるで宗教的な行《ぎょう》に励むようにして、音階をさらうことになる。

同じように《またりさま》のルールが司る共同体に参画しようとする者は、自分が最後に鳴らしたのが鈴のとき、次に背後でカスタネットが鳴らされたのにまた鈴を鳴らしたりしないよう（あるいは自分が最後に鳴らしたのがカスタネットのとき、次に背後に再びカスタネットが鳴らされたなら、次はきちんと鈴が鳴らせるよう）、血がにじむような修練に励むことになる。部外者から見ればこれはまるで、身体までまるごと含めた究極の洗脳であろう。神の教えのようにして荒唐無稽とも見えるルールによる修行に励むことを、何やら新興宗教じみたよくわからぬイニシエーションのように思う人もいるだろう。

しかし西洋音楽などまったく知らない「マタリ谷の住人」というものがもし本当にいたとすれば、ハ長調の音階でファの代わりにファ♯を弾いた子供をこっぴどく叱りつけることも、同様に荒唐無稽で理解不能の風習に見えるだろう。要するに「絶対にそうでなくてはならない」と集団的に思い込まされているという点でどっちもどっち、ハ長調の音階は人が思っているほど客観的自明ではないし、《またりさま》も一見そう見えるほど恣意的ではない。

ある音楽文化のルールを受肉させるための身体訓練は、どこかお百度参りのようなものを連想させる。ダイエットのための筋トレなどにも似たようなところがあるのかもしれない。それに邁進する者は願をかけている。その自覚があろうがなかろうが彼らは、神の戒律のようにして、ハ長調の音階や《またりさま》の鈴カケのルールの習得に励む。しかし実際には、音楽ルールに普遍も不滅も存在しない。すべてのルールは文化が変わればいずれ変わる。そして音楽文化のパラダイムを根底的に変更させる最大の力は権力交代だ。世界の支配者が変わると音楽のルールも変わる。

未来が見えない時代とリメイク

世界は同じまま音楽ルールだけが別のものとなることはまずない。別の世界観が別の音楽ルールと別の身体規律を召喚する。世界が変わるから音楽も変わる。だから音楽ルールを変えるという意思の中には、少なくとも理念的には、世界が変わることへの希求が胎動しているはずだということにもなる。しかし二一世紀の今日は、「未来を喪失した時代」である。いったいこれから先どうなるかがよく見えないし、いわんや未来に希望を託すことなどおよそできそうにもない。二〇世紀の近代世界のように「これをやればこうなります」という明快な目標設定ができない。

こういう時代には「新しい音楽」が生まれにくい。「未来へ向けて突き進め！」的メッセージを伴うアヴァンギャルドな音楽——そこにはモダン・ジャズやロックも含められるだろう——が、二一世紀に入ってすっかり姿を消してしまったと見えるのは、その何よりの証左であるだろう。新しい世界が見えにくいから新しい音楽が生まれないのか。新しい世界を見せてくれる新しい音楽が生まれないから、ますます未来が見えなくなるのか。

この半世紀ばかりの音楽史のトレンドは「リメイク」である。そのメッセージを翻訳すれば「昔はよかった」ないし「本当の昔はこうだった」ないし「昔よもう一度」となるだろう。クラシックで言えば古楽がその典型で、これはバッハとかモーツァルトを彼らの時代の楽器を復元して演奏しようとする試みである。かつてはバッハであれモーツァルトであれ現代楽器を使って弾くのが普通であり、たとえばモーツァルトのピアノ・ソナタをグランドピアノで演奏するのは当たり前だった。しかし実はモーツァルトの時代の鍵盤楽器は今のそれとおよそ違うものであって、当時のピアノを復元してモーツァルトを演奏すると、これまで聴き慣れていたのとはまったく別の面白い響きがすることがわかってきた。かくして復元楽器による演奏が、この数十年のクラシック界の一大潮流になってきたのである（ただし近年は「昔の本来の姿を復元する」というより、現代的で斬新な効果を生み出すための一手段として、古楽的アプローチをする人が多い。現代楽器に慣れた耳に昔の楽器はひどく尖《と》がった響きと聞こえ、この違和感をうまく激越な効果として使うのである。いわば前衛音楽としての古楽である。ただしその意図が、「本当はかつてこんなに尖がっていたクラシック」をアピールすることにあるなら、やはりこれもリメイクの一種であることに変わりはない。ちなみに後で触れるクルレンツィスもともとこうした「前衛的古楽」から出発した人である）。

ジャズにおけるスタンダードナンバー回帰も、古楽ブームと似たような動きと見ることができよう。もともとジャズは誰もが知っている映画音楽やミュージカルのナンバーといった「懐メロ」――これがスタンダードナンバーと呼ばれるものである――をテーマに、それでもって自由に即興するジャンルであったわけだが、一九五〇年代半ばあたりからこうしたスタンダードによる即興はしだいに懐古趣味のように見なされ始め、多くの「尖がった」ミュージシャンはもっとアヴァンギャルドな自作テーマで即興したり、決まったテーマなどほとんどない全面的即興パフォーマンスに向かっていった。しかし一九八〇年代に入ると、それまで最も先端的なジャズ・ミュージシャンの一人のように思われていたキース・ジャレットが、突如としてスタンダードナンバーへ回帰した。《星影のステラ》とか《枯葉》とか《酒とバラの日々》といった昔懐かしのナンバーをテーマに使うようになったのである。

鬼才ウィントン・マルサリスが若くしてデビューしたのも、キースのスタンダードナンバー回帰とだいたい同じ頃である。一九二〇年代のディキシーランド時代のジャズへのノスタルジーを隠そうともしない彼は、ジャズを前衛音楽化させることが基本的に大嫌いと見え、もちろんスタンダードナンバーによる演奏は大いにやり、あまつさえジョン・コルトレーンの即興のリメイクをしたりもした（彼の兄ブランフォード・マルサリスも同じことをしているから、兄弟そろってコルトレーン・リメイカーだ）。〈♪5〉

マルサリスは「古典芸術」としてのジャズの伝道師を強く自負しているように思えるが、実際彼はニューヨークのジャズ・アット・リンカーン・センターという施設の音楽監督でもあり、ジャズの教育啓蒙や資料収集にも熱心に取り組んでいる。つまり世界一のジャズ博物館の館長さんでもあるわけだ。

もちろん古楽系にはきわめてエキサイティングな演奏をする人がいっぱいいるし、キースのスタンダード・アルバムにしてもマルサリスのコルトレーン・リメイクにしても、その桁外れのクオリティについては何の疑問もない。しかし音楽的に優れているということと、それが一つの「世界像」を視せてくれるということとは、また別の問題だ。「今のままでいい」または「昔はよかった」――音楽がこんなふうに現在または過去を慰撫するだけでいいのだろうか？

カリスマ大空位時代

カリスマ音楽家とは単なる偉大な音楽家のことではない。いい音楽家とカリスマ音楽家を区別するもの、それは「来るべき世界像」を視せる力の有無だ。ベートーヴェンにはそれができた。ワーグナーもしかり。カラヤンもコルトレーンもマイルスもビートルズも、来るべき世界の「像」を視せたという点で、一種の宗教的カリスマの相を帯びていた。然るに二一世紀の今日、いかなるジャンルを見渡しても、彼らに比肩するような存在が長らく出てきていないことは、ほぼ誰の目にも明らかになりつつある（ひょっとすると「世界像」を視せる役割は今日、アニメやゲームの世界に移動しているのかもしれないが、私はこの分野にはまったく不案内なので発言を差し控える）。〈♪6〉

このカリスマ不在の時代がいったいいつから始まったかを考えるとき、一つの目安になるのが一九七〇年前後、そしてもう一つが一九九〇年前後だろう。まず前者について言えば、一九七一年にストラヴィンスキーが亡くなっている。ちなみに彼の盟友だったピカソが亡くなるのも一九七三年のことだ。二〇世紀の偉大なモダニズムを切り拓いた巨人の死。これは一つの目印になろう。モダン・ジャズ最大のカリスマの一人ジョン・コルトレーンが亡くなったのは、これより少し前の一九六七年。同じくモダン・ジャズの「帝王」マイルス・デイヴィスがスランプに陥り、「ジャズはもう死んだ、今やそれは博物館の音楽だ」という言葉を残したのは一九七〇年代に入って間もない頃のこと。そしてビートルズの活動停止は一九七〇年である。

一九九〇年前後について言えば、クラシック界の帝王と謳われた大指揮者カラヤン、そして二〇世紀最大の伝説のピアニスト、ウラディミール・ホロヴィッツが一九八九年に亡くなっている。レナード・バーンスタインが亡くなったのは翌一九九〇年。そしてマイルス・デイヴィスが亡くなるのは一九九一年。偶然とはいえ、図ったようにカリスマ音楽家たちが一九九〇年前後に世を去っているのだ。またジャンルを問わず冷戦終結期の時代の最大のカリスマ・ミュージシャンだったと言っていいだろうマイケル・ジャクソンの奇行が目立ち始める――要するに壊れ始める――のも、一九九〇年代に入ってからのことだった。

もちろん今でもいい音楽家はいっぱいいる。いわゆる「売れている」人たちも多かろう。また技術的に見て今の若い人たちは皆、桁外れにうまい。しかしカリスマがいない。自分が歳をとって若い人たちの動向に疎くなっているのではあるまいかと、世代やジャンルの好みを問わず、片っ端からいろいろな人にもあれこれ尋ねてみるのだが、今挙げた名前に匹敵するようなカリスマはどこにもいないと、問われた人たちは異口同音に言う。やはり私たちが生きているのはカリスマのいない時代なのだという前提から出発するしかなさそうである。

このカリスマ大空位については、いろいろな理由が考えられるだろう。たとえば人々の趣味の細分化。かつてなら「テレビに出ている人」とか「有名レーベルから録音を出している人」に、自ずと人々の人気が収斂《しゅうれん》していくところがあっただろうが、これだけ社会発信のメディアが多様化してしまうと、いわゆる「メインストリーム」が形成されようがない。だから自ずと社会全体を押し流すような力をもつカリスマも生まれにくくなる。品ぞろえを多様にしすぎるとメガヒットがかえって出ないという言い方をしてもいいかもしれない。

あるいは「カリスマ芸術家」という現象が、少なくとも近代社会においては、家父長的なものとかなり密接に結びついていたということも関係があるかもしれない。偉大な芸術家の多くはみんなコワモテの立法者であり支配者だった。

しかるにこの半世紀というのは、父権的なものがある種の暴力として、徹底的に社会の中で否定されるようになった時代だった。たとえば二〇世紀の伝説の指揮者たちの多くは、もし今日生きていたとすると、「ヤクザみたいだ」とか、「見た目自体がすでにハラスメントだ」などと言われかねないコワモテをしていた。対するに二一世紀に入ってから出てきた音楽家たちは、みんな優しく爽やかなヴィジュアル系ばかりだ。

しかしかくも「オヤジ」が弱体化してしまうと、自ずとそれに反抗する若者たち――次世代のカリスマ候補たち――の革命もまた、その爆発力を失わざるをえないだろう。一九六〇年代イギリスのような若者たちによる文化革命など、オヤジがこんなに弱ってしまっては起きようがあるまい。その意味ではもはや、カリスマ芸術家が出てくる土壌自体が、今日では決定的に失われてしまったのかもしれない……。

テオドール・クルレンツィス——音楽原理宗教を探求する求道者

カリスマ音楽家はもう出ないのか、それとも新しいカリスマの形というものがあるのか——答えも見つからないまま、何やら気持ちが晴れぬまま、あれこれ考え続けてずいぶん時間が経った気がする。しかし実は最近になって、長く続いてきたこの大空位時代の後、二一世紀のカリスマになるとすればこういう人物かと思うような、強烈なキャラクターの指揮者を知った。名前をテオドール・クルレンツィスという。まだ四十代半ばだが、この五年くらいの間にあっという間に世界中に名前が広がった。しかも単に「最近評判の若手指揮者」というにとどまらず、その噂は何やらセンセーショナルにしてスキャンダラスな毀誉褒貶《きよほうへん》のオーラに包まれている。

危ういバイオレントな魅力、これこそカリスマの絶対条件だ。実際この数十年、これくらい人々の口の端にのぼったクラシック系の音楽家はいなかった。そもそも考えてみればカリスマ芸術家というものは、青天の霹靂《へきれき》のように世界の啓示を与えるからこそ、つまり視界が晴れぬ状況の中で突如として登場してくるからこそカリスマなのであり、空位時代は野心的な彼らにとって最大のチャンスかもしれないのである。

まずはわかる範囲で簡単にその経歴を紹介しておこう。彼の生まれはギリシャで、モスクワで勉強した後にシベリアへ行き、そこに驚異的なレベルの古楽オーケストラを自分で作った。そして次に中央アジアに近いペルミ（軍事産業や強制収容所で有名なところらしい）という街へ自分のオーケストラもろとも乗り込み、ここのオペラ劇場をも瞬く間に世界で屈指の水準に高めた。この経歴だけからも、当初より彼が西側社会――パリやベルリンやロンドンやニューヨークといった資本主義的音楽都市――に背を向け、「辺境の荒れ地」的なもの――それもギリシャ（ロシア）正教文化が司るそれ――に強く惹かれていたことは明らかだ。

ネットなどで彼が指揮する姿を見ると、そこには何やら体制転覆的な危ういにおいが充満している。私が初めて彼を知ったのはストラヴィンスキー《火の鳥》の抜粋の動画だったが（ぜひ Teodor Currentzis/ Firebird で検索してみてほしい）、眼には尋常ではない光が宿り、スリムな長身とアンバランスなくらい長い腕で、まるで獲物に襲い掛かる毒蛇のように棒を振る。そしてときとして眼の中に、残虐な恍惚と有無を言わせぬ魔力でもって獲物を屠《ほふ》る神官のような輝きが浮かぶ。音楽家というよりほとんど戦闘的な宗教カリスマといった面構えだ。

ヨーロッパで活動している音楽家の友人からもいろいろな噂を聴いた。いわくクルレンツィスのモーツァルト・オペラのCDがソニーから発売されたとき、この友人が働いているオペラ劇場のありとあらゆる歌手や奏者たちが口々に、「もうあれ聴いたか？」と一斉に噂し合い、ある人は啓示を受けたように熱狂する一方、あからさまに嫌悪を示す人も多かったとか、彼の活動の本拠地ペルミには西側から大量の若い音楽家たちがオーディションを受けるためわざわざ集まってくるとか、彼のオーケストラのメンバーはほとんど洗脳状態にあるらしいとか、そういった話である。シベリアでは自分で作ったオーケストラのためにスカウトしてきた若い音楽家たちに、単に猛練習させるだけでなく、共に詩を朗読したり、哲学的問題を討論するなど、一種の共同生活を営ませていたという噂も聞いた。

どうやら彼はすさまじく自己顕示欲の強い人物とみえ、ネットでは数多くのインタビューが流れ、そこで過激なことを繰り返し語っている。いわく「音楽は単なるビジネスではない。それは宗教的営みであるべきだ」。「この世界で生きていたくないと思うのなら、私たちはそここそ生きたいと思う世界をどこかに作らねばならない。そのためにはコミューンと兵士が必要になる」（自分のオーケストラのメンバーたちを彼は常に「兵士」と呼ぶ）。「私はどこか遠いところに亡命（エグザイル）して兵士を集め、何か別の形のユニオンを作りたかった」等々。

そもそもクラシック音楽の大半は過去の作品なわけだが、この点についても彼の発言はラディカルだ。「過去は未来にしかない」というのである。「モーツァルトは今ここ、この（彼が活動拠点にしている中央アジア近くの）ペルミにいる」という発言もあった。これまでの伝統や故事来歴に対して恭しく敬意を表するつもりなどない、今ここにいる私こそがモーツァルト降臨の儀礼の司祭であり、「偉大なそのとき」は未来にあるということか。実際クルレンツィスの演奏の最大の特徴は、霊能者のような確信をもって平然と伝統を無視する破壊的な態度にあり、「安心して聴ける耳障りのよさ」――それは聴き手があらかじめ聴きたいと思っているものをイメージどおりに聴かせてあげるルーティーンと紙一重だ――とは無縁だ。彼は聴き手が親しんできたもの、過去とか伝統とか呼ばれているものを、木端微塵にする。

そもそもクラシックの名曲には誰も口に出さずとも「あの曲のその箇所はだいたいこれくらいのテンポで、こんなかんじで昔から演奏されてきたし、そういうふうに演奏するものだ」という暗黙の約束事があれやこれやある。こうした約束事をあまり無視するとオーケストラのメンバーからそっぽを向かれたり、場合によっては反乱を起こされたりしかねない。だからふつうは誰もそういうことはしない。彼らは何より昔からの約束事を大事にする職人気質の人たちなのだ。

しかしクルレンツィスは、「そこではふつうテンポを上げない」と思われているところで思いきり加速したり、「そこはふつうフルートを目立たせるもの」と思われているところでオーボエを出してみたり、聴衆がなじんでいるのとはおよそ違うテンポをとったり平気でする。しかもそのやり方が、「おまえらがなじんできたこれまでの演奏なんて全部嘘っぱちだ！ 本当の真理はこれだ！ 本当のこの曲の姿を俺が見せてやる！」と言わんばかり、きわめて挑発的で戦闘的で破壊的なのだ。

クルレンツィスが夢見ているのは明らかに、音楽を神とする原理主義的な宗教国家の設立である。彼の発言と音楽はすべて、グローバル資本主義的なものへのあからさまな敵意ともども、この一点を指し示している。

長い伝統をもつ穏健な宗教は、伝統の媒介によって神に近づこうとするだろう。継がれてきた儀式手順や聖典の読解などを通して、それは神を知ろうとする。また伝統的宗教において「神がいる（いた）」とされるのは、常に過去だ。神は昔いたものなのだ。しかしクルレンツィスにとって「神」——たとえばモーツァルト——は「今ここ」で直接に交信するものであり、継承されてきた伝統などに何の意味もない。神はこれからここに来る。過去に対する破壊的な態度はここから生まれる。

その音楽的メッセージの是非はともかくとして、クルレンツィスの音楽が人々の無意識の渇望の核心を衝いていたことは間違いない。単なる「いい音楽家」を超えた社会現象たりうるという意味で、確実に彼は二一世紀最初のカリスマ音楽家の一人となるだろう。この息苦しい世界の「外」を視せてくれ、私たちががんじがらめにされているグローバル・システムを一度壊してくれ、私たちにもう一度「神」を視せてくれ——彼の音楽は人々のこうした願望を思いきり満たしてくれる。

それだけではない。その戦闘的な振る舞いは、何十年も続いてきたグローバリズムに対するローカリズムの側からの激越な復讐であるばかりか、長らく抑圧されてきた家父長的なものの再興の狼煙ですらあるのかもしれない。癒し大好きのカリスマ不在時代が今や終わりに近づき、再び独裁的父権の時代が到来しつつあることの、これは予兆なのか？　もしそうなのだとしたら、それはそれで少し怖い。〈♪7〉

ンダクティング2——黄金時代の伝説的な指揮者たち』という DVDには、20世紀のカリスマ指揮者の映像がふんだんにおさめられている。彼らの猛獣のような、黒魔術師のような、裏社会の権力者のような形相をたっぷり堪能してほしい。

♪7　**テオドール・クルレンツィス**については、本文で触れた《火の鳥》の動画のほかに、彼の活動の本拠地ペルミでのドキュメンタリー『Teodor Currentzis records Mozart's Le nozze di Figaro, Così fan tutte & Don Giovanni』がネット動画で見られる。「この世界で生きていたくないと思うなら、別の新しい世界を作らねばならない。そのためには兵士とコミューンが必要だ」といったぎょっとするような発言は、ここでなされている。また**パトリツィア・コパチンスカヤ**を独奏者に迎えた**チャイコフスキー**の**ヴァイオリン協奏曲**の録音は、この数十年で最も話題になったクラシックCDだと言って過言ではない。従来のどんな演奏とも完全に断絶していて、しかしまさにこれこそが作品の真の姿だったのだと聴き手に感得させる憑《ひょう》依《い》の力がある。音楽原理宗教恐るべし。

おすすめの音楽 *Vol. 2*

♪4　**三輪眞弘《またりさま》**については百聞は一見にしかず、検索すればネット動画がすぐ見つかるはずである。コンピューターの中で起きている二進法を、生身の人間集団がシミュレーションすると、こうした奇怪で魔術的で催眠的な音楽に変貌するという逆説に震撼せよ。また《またりさま》の二進法の原理を展開させて作られた大規模なオーケストラ曲**《オーケストラのための、村松ギヤ・エンジンによるボレロ》**も必聴（CDも出ている）。芥川作曲賞を受賞した（2004年）圧倒的な大作である。

♪5　新しい音楽は新しい神を希求している――このことを体感するには絶頂期の**ジョン・コルトレーン**のライブ動画を見るのが一番いい。マルコムXやキング牧師やモハメド・アリと並んでコルトレーンは、アメリカにおける公民権運動のアイコン的存在だった。1965年のベルギーでのライブ、特に彼の十八番だった《My Favorite Things》は、もはや「音楽」などというなまやさしいものではない。これは20世紀の交霊儀式だ。延々20分にわたってコルトレーンは神に祈る。何かが降りてくるまで吹き続ける。特に最後の数分のトランス状態はすさまじい。『Jazz Icons: John Coltrane Live in '60 '61 & '65』というDVDで見ることができる。

♪6　前世紀末あたりからのカリスマ音楽家の消滅については、過去のカリスマたちがいったいどんな容貌をしていたかを見てみることで、逆によく理解できるかもしれない。あらゆる音楽家で最もカリスマ性が要求される職業、それは指揮者だ。**『アート・オブ・コ**

第三章　日本酒にモーツァルトを聴かせる

この章では思いきり「現代的音楽状況批判」を繰り広げてみた。第二章で述べたように、音楽が本質的に宗教的体験——トランス状態とか祈りとか交霊とか——と深く結びついていて、それはこれからも変わらないであろうことは確かだ。しかし音楽がもたらしてくれる「脱—我」（我を捨てる、我から脱け出す）とも言うべき体験が、安直な科学療法の対象になってしまうのは、とても危険なことだと思う。音楽を聴いてリラックスすることが、BGM的に「ぼんやり聴く」快感と結びついてしまってはいけない。二一世紀に入って、あまりにも音楽がもっている「リラックスさせる力」ばかりが強調されるようになった気がするのは、私だけだろうか。音楽は本来ものすごい集中力を聴き手に要求する芸術である。目覚めよ！　渾身の集中力をもって音楽に耳を傾けよ！

音楽を聴いて生命体になろう？

「モーツァルトが胎教にいい」とか「クラシックを聴かせて日本酒を熟成させる」といった話をよく聞く。なんでもクラシック音楽を聴かせて発酵させた日本酒を、「音響熟成」とか「振動熟成」と呼ぶそうだ（ワイン版もある）。「乳牛にクラシックを聴かせると乳がたくさん出る」という話も耳にする。

真偽はともかくとして、私が注目したいのは、ここで無意識のうちに胎児と酵母菌とがほぼ等価なものと見なされている点である。人間の胎児の情操と身体にいいものは成人にもよく、同様に乳牛や酵母菌に対しても効果があるはずだ――知らず知らずのうち、こういう前提がなされている。つまり酵母菌も胎児も成人も、生命体としては等価なのである。あるいはこれを薬学的な発想だと言ってもいいだろう。言うまでもなく新薬は、まず実験動物で試される。それで大丈夫なら人間にも使用される。人間もサルも犬もネズミもみんな哺乳動物として等価である。この発想の方向を逆にすると、「音響熟成」された日本酒ということになる。つまり人間の心身によいものは、乳牛や酵母菌にも効くという話になるのだ。

「胎教や日本酒熟成にモーツァルトを」的な話が出てきたのは、時期的に癒し系音楽（第六章で詳しく述べる）がブームになり始めたのとほぼ同時期という印象があるが、単にそれだけではなく、両者はどこか深いところでつながりながら、今日の人間の思考回路を規定している。それは「波動サプリ的な発想」とも呼ぶべきものだ。心身を優しく癒してくれるアロママッサージ的なものに、今日の人はそこまで飢えているということである。

こういう発想が出てきた歴史的背景はなんとなく想像がつく。私が思い浮かべるのはマイケル・ジャクソンの二つの曲、《We are the world》（一九八五年）と《Heal the world》（一九九一年）だ。前者は冷戦時代の最末期、そして後者は東西の壁崩壊の直後に世界的にヒットした。無意味な政治的確執や環境汚染や搾取や貧困によってずたずたに傷ついたこの地球。この生命の星を癒してあげよう。人間だけでなく、この星に住むあらゆる動物と植物が世界なのだ。「私たち」という世界を、私たちの世界を、音楽で癒してあげよう。――かくして「生命と環境と平和と癒しと波動」という連想の環ができる……。

もちろん私はこれらの歌のメッセージに深く共感する。しかしそうであればこそ、その安直な擬似科学的転用には警戒心をもたざるを得ない。「人間であることはやめましょう、がんばって人間たろうとしなくていいですよ、乳牛やオランウータンや酵母菌と同じ生命体に戻りなさい、リラックスしなさい、そして動物や樹と一緒に世界の波動を聴いて治癒されましょう、みんな宇宙船地球号の一員ですよ〜、みんなの生命の源に音楽というビタミンをあげましょう」などという話になってくると引く。がんばって集中して音楽を聴かなくてもかまわない、受け身で「音そのもの」に——「サウンド」に——身を任せるだけでいい、「ふわ〜ん」と柔らかい波動が伝わってくればそれでいいなどと言われると、生理的に身構える。

薬不要サプリ音楽！

確かに「音楽で治療する」ことは太古の昔から行われてきた。呪術の類である。たとえば南イタリアのタランテラという舞踏は、毒グモのタランチュラに刺されたときの治療法として行われていた。しかし別の言い方をすれば、「胎教や日本酒熟成にモーツァルトを」などという話は、呪術やまじないや似非科学の類にほかならないとも言える。ここであらためて言っておきたい。音楽はサプリではない。音楽は薬ではない。もちろんそれがどこか心身の深いところで治癒や生命の活力につながることを否定はしない。しかし一対一対応のような即効薬では、音楽は断じてない。だいたい音楽を薬代わりにするより前に、人にできること、人としてすべきことはいくらでもあるだろう。薬としての音楽はあまり効率がいいものではない。音楽があれば薬不要というわけにはいかない。

ところが冗談半分で先日、「薬不要」「音楽」でネット検索してみたら、信じられないくらい大量のサイトが本当にヒットして仰天した。いわく「【睡眠用ＢＧＭ】不眠症解消 薬不要 不安解消 精神安定」！「【α波 睡眠 ＢＧＭ】薬不要 疲労回復 ストレス解消 リラックス音楽」！「【5分睡眠用ＢＧＭ】不眠症解消 薬不要 不安解消 精神安定 音楽ＢＧＭ」!!

ついでに英語で「medicine music」で検索したら、こちらでは変幻自在の声をもつ偉大なヴォーカリスト、ボビー・マクファーリンの《Medicine Music》関係のサイトが大量にヒットした。これはアフリカ系民族音楽をパスティーシュしたユーモラスなアルバムで、通俗的な癒し系音楽ではない。少し安心した。だがマクファーリン関係のサイトの後には、これまた大量のヒーリング系音楽が続いて出てくるから、状況は日本語圏と似たり寄ったりだ。

それにしても「薬不要」とはとんでもないキャッチフレーズである。いや、正確には「薬不要」どころか音楽を薬化しているのだから、【音楽不要】と標記すべきであろう。事実この手のサイトで流れているのは、「ふわ〜ん」と電子音で延々快適サウンドが流れてくるだけの、とても「音楽」とは言えないような代物ばかりなのだ。こういう「音楽」を求める人にとって、薬用効果さえあれば、音楽以前のサウンドで一向に構わないのだ。極論を言うならば、モーツァルトでもオルニチンでもアルファ波でも、薬になればいいのである。

英語で「healing」「music」で検索すると真っ先にヒットするサイトの一つを少し紹介しよう。「432 Hz—Deep Healing Music for The Body & Soul—DNA Repair, Relaxation Music, Meditation

Music」と題されたものだ。その宣伝文句をかいつまんで要約すると、これは「瞑想とヒーリング専門のチャンネル」だそうで、最高のクオリティの「リラックス音楽、瞑想音楽、睡眠音楽、ヒーリング音楽、勉強BGM、レイキ（霊気のことだろう）音楽、ゼン（禅）音楽、スパ音楽（何のことやらわからないが）、ヨガ音楽、マッサージ音楽など」を提供するらしい。さらにそれに加え、アルファ波などの「バイノーラル・ビート」（左右の耳に周波数の異なる音を聴かせることでうねりの感覚を生じさせることで、ヒーリング効果があるとされている）も提供していて、それらは不安解消やうつ病や攻撃的行動に対して効果があると書いてある。

音楽にはただ薬用効果だけが求められていることは明らかであり、「432ヘルツ音楽」というタイトルからもわかるように、ここではヘルツ＝周波数＝波動と「音楽」とが等価なものとして考えられている。音楽は「ヘルツ」なのである。事実この動画を聴いてみると、ひたすら金太郎飴のように、どこを切り取っても「ふわーん」と快適な電子音がうねっているだけだ。音楽は薬になりさえすればいい？　薬になるなら音楽じゃなくてただの波動でかまわない?!　ちなみに「ゼン」や「レイキ」といった東洋趣味が連想させる、ニューエイジ的オカルト的スピリチュアル的なイメージについては、言うまでもないだろう。

「音楽」と「音」とは違う！

ときどき大学の若い理系研究者から、音楽が細胞に及ぼす影響をめぐる実験について、相談を受けることがある。そういうときいつも私は、まず「音楽」と「音」（波動）の根本的な違いから説明することにしているのだが、すぐにはわかってもらえないことが多い。

私の解説の定番は次のようなものだ。つまり物理的に存在しているのは「音」（空気振動＝波動）だけである。「音楽」は物理的存在ではない。耳が知覚した音の羅列を、人間は精神の中で意味関連として分節的に組み立て、認識する。それが音楽である。単なる音の継起にすぎないものが、人間の意識の中で初めて「音楽」という有意味なまとまりに「なる」。その意味で音楽は外界に物理的に存在しているものではない云々。

例として言語のことを考えてみよう。コ・レ・ハ・ミ・ケ・ネ・コ・デ・ス——何のことかわからない。文法を知らない人間が聴いても、これら一つ一つの音がどういうまとまりになっているのかがつかめない。「コレ・ハミ・ケネ・コデ・ス」と聞こえてしまうかもしれない。音韻という「点」を耳で知覚できていても、それが有意味なまとまりを成さない。分節もされない。

こうした単なる音の継起は、意識の中で文法システム等を通すことによって初めて、「ことば」になる。文法を知って初めて、「これは三毛ネコです」という文章に聞こえてくる。その意味では言葉も音楽も、意識の中にしか存在していない。文法規則をインプットされている人間の意識の中で初めて、それは言葉ないし音楽として立ち現れてくる。

文法を知らない人間にとって、言語も音楽もただのサウンドである。たとえば私は——とても恥ずかしいことだが——多くの日本人と同じく邦楽に詳しくないから、雅楽などを聴いても単にピヤーンと延々「音」が鳴っているようにしか聞こえない。意味のあるまとまり、すなわち「音楽」として聴こえない。いつまでも「音」の羅列のままである。中国語もまったく知らないから、これまたサウンドとしか聞こえない。

文法を知って初めて「音の羅列」は「音楽」として聴こえてくる——これを言い換えるなら、文化的社会的に文法を叩きこまれた人間にのみ、音楽は音楽として立ち現れてくるということである。音楽が音楽に聴こえる前提は「文化的に刷り込まれ躾《しつ》けられていること」だと言ってもいい。生まれたての赤ん坊のような白紙の状態では、音楽は音楽には聴こえてこない。逆に言えば、ヒーリング音楽とか音響熟成などの背後には、「音楽を認識する」という行為を再び、赤ん坊のときの「単なるサウンドの知覚」という文化的刷り込み零レベルに還元しようとする発想がある。

私は音が細胞に与えるだろう影響を決して否定しているわけではない。音は空気振動であり、「空気の震えが鼓膜に触れる」という意味で、聴覚は触覚の延長である。魚群探知機などは触覚による認識作用を利用したものとも言え、また視覚がほとんどない蝙蝠《こうもり》が超音波を出して自由自在に飛行し、獲物となる昆虫を捕食することもよく知られている。彼らは音でもって環世界（自分を取り巻く世界）に触っている。

同様に超音波治療もまた、身体を切開することなく、身体の奥に触れて治療するということであろう。音が鳴るということは空気が振動しているということであり、音に細胞をさらすということは、実質的に音で細胞を触っているのと同じことなのだ。細胞が光に反応するのと同様、細胞が音に触れられて反応するのは当然である。とりわけ「快・不快」という次元では大きな影響があるはずである。波動周期（リズム）やスペクトル分布（要するにどのような倍音が含まれているか）も、細胞の活動に大きく影響すると思う。

音が生命体に与える快・不快の感覚については、たとえば野良ネコが菜園をトイレ代わりにしないよう、赤外線でネコの侵入を察知すると人間には聞こえない超音波を出して追い払う装置などが、すぐに思い出される。最近ではこの原理を応用したモスキート波なるものも開発されているらしい。不良どもが深夜に公園にたむろして悪さをしないように、二十歳を超えた人間にはほとんど知覚できない高周波の音波を流すのである。野良ネコもヤンキーも同じ生物だから、同じ音波で追い払えるというわけだ。

野良ネコと同じ扱いをされるヤンキーには同情してしまうが、冗談ではなく、「生命体に音で働きかける」という発想にはどこか、人間を実験動物扱いするがごとき非人間的なものが隠れていることを、ここでは指摘しておきたい。

音楽は環境の中から浮き上がる

「音楽」か。それとも音楽以前の「音そのもの」の知覚か。こういう議論で必ず参照されるのが、二〇世紀後半のアメリカの有名な前衛作曲家ジョン・ケージだ。近代のコンサートホール文化が、「聴く」楽しみを「音楽」に限定してしまうことを、ケージは繰り返し批判した。たとえばベートーヴェンの交響曲を演奏している最中にも、「音楽」以外の「音」は——どれだけ聴衆が静かにしていても——必ず聞こえているはずだ。咳払い、空調、身動きする気配、隣の客の息づかい等々。しかしふだんの私たちは「曲＝音楽」にばかり気を取られ、それ以外の物音をすべてスルーしている。こんなふうに「聴く」対象を「世間で『これが音楽だ』とされているもの」に限定してしまうことなく、世界を満たしているさまざまなノイズに向けて耳を開こう。——これがケージの主張であった。

ケージの《四分三十三秒》についてはよく知られている。ピアニストがステージに出てくる。やおら懐からストップウォッチを取り出し、時間を測り始める。そして……何も弾かずにそのままピアノの前に座り続ける。四分三十三秒たったところで彼は立ち上がり、客にお辞儀をしてから楽屋に再び退く。こういう「作品」である。

なおケージによれば、《四分三十三秒》は必ずしもホールのピアノを前にやる必要はなく、また時間枠も正確に四分三十三秒でなければならないわけではなくて、たとえば彼自身があるとき近くの森の素晴らしい見晴らしの場所で、この「曲」を自分で自由に「演奏」したところ、それは筆舌に尽くしがたい素晴らしい体験であったという。またケージはサボテンが密かに発している「音」をマイクで拾って「曲」にしたり（タイトルは『樹の子供』という）、キノコの胞子が落ちる音をなんとか聴こうとしたりもした。

そんなケージの原体験の一つが、ハーバード大学の無響室（あらゆる外の音をシャットアウトした部屋）での有名な出来事である。ここで彼は絶対零度の沈黙の中で二つの「音」を聴いた。一方は高い音で他方は低い音。そして前者はケージ自身の神経系統の発する音、後者は血液が循環している音だったのだと言う。世界に沈黙などない、世界は密やかな音に満ち満ちている、この素晴らしい体験に向かって自分の耳を開こう、「これは音楽なのか？」などと野暮なことは尋ねまい、生まれたばかりの赤ん坊のように、あらゆる文化的刷り込みを再びゼロに戻して、世界のサウンドを聴こう！——ケージはこう誘う。

ケージの音楽思想は二〇世紀後半から二一世紀の今日に至るまで、あらゆるジャンルの音楽創造に多大な影響を与えてきた。先ほど言及した「432ヘルツ音楽」といった癒し系音楽もケージ抜きではありえなかっただろうし、カナダの作曲家マリー・シェーファーが提唱した「サウンドスケープ」（音の風景）の概念もケージから生まれてきたものだ。後者——言うまでもなく「ランドスケープ」のもじりである——は騒音問題が激化していた一九七〇年代において、たとえば都市開発などに際し建物のような「目で見る風景」ばかりに気を取られず、「耳で聴く風景」にもっと鋭敏になろうというメッセージを含んでいた。「ヒーリング」で検索すると大量にヒットする波の音とか森の音といった癒し系サウンドをはじめ、今日のあらゆる癒し系音楽の直接の源流が、このサウンドスケープ概念だった（soundscapeで検索すれば無数のサイトがヒットするが、その大半は案の定癒し系である）。

単なる「サウンド」は「音楽」ではないと固く信じている私だが、ケージの思想が従来の音楽概念への批判としてきわめて有効だったことは認める。クラシックを中心とする西洋の近代音楽は、あまりにも聴く喜びを「世間が『これは音楽だ』と認定している音楽」に限定しすぎてきた。ピアニストがちょっと予定外のノイズ（ミスタッチ）をたてただけでもう「ダメ！」。ちょっと咳をしただけで他の客ににらまれる。客席のざわついた気配も歓迎されない。音楽自体に集中しなければいけないのだ。だからこそ西洋文化は一九世紀以後、「コンサートホール」という、すべての雑音をシャットアウトして、音楽の聴取だけに専心できる建築形態を発明した（ちなみにコンサートという制度ができたのは一八世紀末のイギリスである）。

しかしよく考えてみれば、それこそケージが体験したような無響室において、まったくノイズレスな沈黙の中でモーツァルトの交響曲を聴いたとして、はたして楽しいだろうか？「音楽」という「図」は、「ざわつき」という「地」から浮き上がってくるのではないか？「ざわめき」こそが、音楽という樹がその根によって養分を吸い上げてくるところの、不可欠の土壌のようなものではないのだろうか？

ありとあらゆる古今東西の音楽は、その背後の「ざわめき」と常に共生してきた。人々がダンスのステップを踏む音、野外で演奏されるときの風の音、祭りの雑踏、ライブハウスで店の人がドリンクのための氷をコップに入れる音、ときおり外から聞こえてくるかすかな車の音。音楽を比類なくわくわくさせるのは、実はこうしたざわつきではないのだろうか。

音楽は音楽だけで存在しているのではない。音楽は場の気配の中から湧き上がってくる。簡単に「場」から切り取って単独で自宅に持ち帰れるものではない。海外の旅先で味わった素敵な酒や料理を、それだけ切り取ってパッキングして日本まで持って帰ってきても、きっとあまりおいしくないのと、これは同じである。音楽も酒も料理も場所の空気や人々のざわつきとい

う布の中に織り込まれているのだ。〈♪8〉〈♪9〉

ざわめきと交感する音楽

私自身のケージ的音楽体験を一つ紹介しよう。実は私は八年前から熱心にジャズ・ピアノのレッスンを受けているのだが、アメリカ人である私の先生があるとき、自分が彼の地の大学でかつて受けた授業の話をしてくれた。なんでもある講義で音楽理論の先生が、ジョン・ケージの思想を説明する際に、教室の電気を消して真っ暗にして、そのまま一時間、周囲にどんな「音」が聴こえるか、ただひたすら学生に耳を澄まさせたというのである。こんな話をしながら私の先生は、思い立ったように、いきなり部屋の電気を消し始めた。真っ暗な中で弾いてみようというわけである。

これは実にエキサイティングな経験だった。面白いことに、このケージ風の「修業」をやっているうち、徐々に周囲の音がよく聴こえ始める。自分が出している音がびっくりするくらいよく聴こえるようになってくる。それだけではない。このとき私はベースをやる友人と一緒にレッスンを受けたのだが、相手の音のみならず、空調や部屋の外を通る車の音まで耳に入ってくるようになる。音楽という深い森の中で、「耳」という目が暗闇に慣れてきて、風景がしだいに耳で見えるようになってくる。

　この経験をしてからというもの、なぜライブの喧騒の中で聴くジャズがあんなにもイキイキしているか、少しわかった気がし始めた。きっとライブハウスの喧騒とは、それとの精妙極まりない相関関係の中から音楽が浮き上がってくる、音楽の後景なのだ。まさにゲシュタルト心理学でいう「地と図」の関係である。喧騒のことをムードと言い換えてもいい。気配と言ってもいいだろう。周囲のムードを全神経を研ぎ澄まして聴き取り、一瞬一瞬そこに一番ぴったりと合う音を選んでいくジャズの即興は、ある意味で究極のムードミュージックなのかもしれない。

　ムードの中から立ち上ってくる音楽。ムードと交感し合う音楽。――これはずいぶんとクラシックと違う音楽のありようだ。通常のクラシックのコンサートでは、この「地＝ムード」は白紙である（なければならない）というのが建前だ。だからみんなザワザワしないように注意して、音楽の背景を真っ白にする。

　しかし実はノイズ（気配／ムード）という名の「後景」こそ、あらゆる音楽を生み出す豊穣な母体なのではないか。だとしたら、たとえばジョン・ケージのやったことは「反音楽」どころか、音楽の生命の根源を再び思い出させるための、いたって「真っ当な」試みであったという気もしてくる。真にその名に値する音楽とは、ムードから生まれ、ムードを感じ取り、ムード

と駆け引きし、ムードと一体になるものであるに違いない。〈♪10〉

音楽愛好家はマゾか？

とは言え、いくら音楽に生命を与えてくれるのが周囲環境のざわめきだからといって、「地から図が浮き上がってくる」ということと、「図がすべてぼんやりと地に溶けてしまう」ということを混同してはいけないだろう。無数の色の点から作られている色覚テストの図柄が典型だが、目を凝らして焦点を合わせることによって、しだいにそこに隠されている図が見えてくる。くっきりと浮かんでくる。そして図を読み取るには集中力が要る。

私にとって「音楽を聴く」とは、目を凝らすのと同じく、集中力をもって耳の焦点を合わせようとする、きわめて能動的な認識行為である。対するに目の焦点を合わせず、ぼんやりと周囲の風景に目をやるとき、ものの「かたち」は崩れて互いに色はにじみ、一向に像を結ばないであろう。近眼の人が眼鏡をかけずに周囲の風景を見たときの状態である。

「視る」ではなく、こうした「眺める」ときの視覚体験を絵画で見事に表現したのが、晩年のモネである（実際彼はひどい視力低下に悩んでいたと聞いたことがある）。亡くなる前の彼が繰り返し描いたスイレンの池など、もはやどこにも「かたち」はない。コクトーは『雄鶏とアルルカン』というエッセイの中で、モネの作風を「溶けたアイスクリームみたい」と形容したが、けだし名言である。

同様にBGMを聴くときの私たちは、まさに「視る」に対する「眺める」と同じことをしている。「聴く」に対する「聞こえてくる」である。あえてぼんやりと耳の焦点を結ばせず、メロディーやリズムをはっきり「かたち」として認識せず、それこそ溶けたアイスクリームみたいにぼんやりした背景ににじませているのである。そしてまた、私がジョン・ケージの音楽思想にかなり批判的となる理由も、まさにここにある。ケージがいっているのは結局のところ、「BGM的聴き方でいいじゃないか」「がんばって聴かなくてもいいじゃないか」「リラックスしてBGMみたいにぼんやり聴こうよ」という話と紙一重ではないかと思えてくるのだ。

「視る／聴く＝能動的に『かたち』を認識する」VS.「眺める／聞こえるままにする＝受動的な感覚刺激に身を任せる」。――この問題について三島由紀夫が、すでに引用した『小説家の休暇』というエッセイで面白い話を書いている。音楽愛好家はマゾだというのだ。三島は芸術鑑賞の姿勢をまず、「サディスティックな」ものと「マゾヒスティックな」ものに分ける。前者は造形芸術などであり、眼前に明晰な形態を見据え、それを能動的に把握しようとする。それに対して、受け身で対象に愛撫されることを好む後者の典型が音楽鑑賞である。

「何か芸術の享受に、サディスティックなものと、マゾヒスティックなものとがあるとすると、私は明瞭に前者であるのに、音楽愛好家はマゾヒストなのではなかろうか。音楽をきくたのしみは、包まれ、抱擁され、刺されることの純粋なたのしみなのではなかろうか。命令して来る情感にひたすら受動的であることの歓びではなかろうか」。三島は他の部分ではこうも書いている。「他の芸術では、私は作品の中へのめり込もうとする。芝居でもそうである。小説、絵画、彫刻、みなそうである。音楽に限って、音はむこうからやって来て、私を包み込もうとする。それが不安で、抵抗せずにはいられなくなるのだ」等々。

私に言わせれば、ここで三島が語っているのは「音楽愛好家」ではなく、正確には「サウンド愛好家」なのだが（そして多くの「サウンド愛好家」が、にもかかわらず、自分のことを「音楽愛好家」だと思っているあたりが問題なのだと言いたいのだが）、もちろん三島はこのあたりをよくわかっている。彼によれば、「すぐれた音楽愛好家には、音楽の建築的形態がはっきり見えるのだろうから、その不安はあるまい。しかし私には、音がどうしても見えて来ないのだ」〔傍点筆者〕。私に言わせれば「音楽を聴く」とは、「音楽を見るようにして聴く」という行為に――もちろんそれだけではないにせよ――かなり近い。

「ぼんやり聴くこと」の倫理的是非

音楽好きは「包まれ、抱擁され、刺されることの純粋なたのしみ」を求めると三島は言う。確かに生きている限り私たちは、耳の鼓膜を撫《な》でまわすさまざまな刺激を受けている。無響室にこもっても、自分自身の身体が発する振動が聞こえる。はてさて、この音知覚という「地」を耳でもって凝視し、そこから「音楽」という図が浮き上がってくるまで、全神経を集中させて聴くか。それともアロママッサージでも受けるように、リラックスしてサウンド刺激に自分を明け渡すか。少々誇張して言えば、私にとってこれは、「人間であり続けるか、それとも人間であることを放棄して酵母菌と同じ生命体の一つになるか」のぎりぎりの選択である。

音楽を創るとは「かたちを創る」ことだ。同様に音楽を聴くこともまた、「かたちを浮き上がらせる」ことである。何度も繰り返すが、感覚刺激の無数の点を意識の中で取捨選択し、それらを関連づけ、凹凸を与えて分節し、「意味」とすることで、聞こえてきた無数の音が「音楽」になる。聴くときすら私たちは、音楽という建物を築いている。然るに病気で体力が落ちているときなど（あるいはひどくストレスがかかっているとき）、人はあまり音楽を聴く気にならない。音楽を聴くとは音楽を築くことであり、それには相当な体力が要る。それでも音楽の歴史の多くの偉大な先人たちは、生命が尽き果てる寸前のような状況にあってさえ、なお音楽という建物を築くことをやめなかった。アイスクリームのような癒しサウンドに逃避はしなかった。

「築くものだ」という意味で音楽は文化である。リラックスするだけで築くことを放棄すれば、文化としての音楽はアイスクリームのようにサウンドとなって溶けてしまう。音楽ではなくて「432ヘルツ癒しサウンド」に解体する。私にとってこれは「人間やめますか？」と言われているに等しい。

おすすめの音楽 Vol. 3

♪8　**ジョン・ケージ《四分三十三秒》**は通常の意味での「曲」と言えるようなものではないが、動画で見るとやはりとても面白い。「John Cage's 4′ 33″」で検索すれば、あれこれ面白い映像が見つかるだろう。またネットでは1950年代にケージがアメリカのショー番組に出演したときのものと思われる映像が流れていて、彼自身による《Water walk》という「作品」のパフォーマンスが見られる。「音楽」の既成概念にとらわれず、手近なあれやこれやのオブジェ（トースターとか湯沸かし器とか風呂おけとか）で「音」を出して楽しむ様子は一見の価値あり。

♪9　サウンドスケープの思想については**マリー・シェーファー『世界の調律』**（平凡社：1986）の序章を読めば、その概要がよくわかる。人間が生きる聴覚空間についての傾聴すべき提言に満ちている。

♪10　「場」の気配やざわめきやノイズがどれだけ音楽を豊かなものにしてくれるかは、ジャズのライブ録音を聴くとよく実感できるだろう。たとえば**『サンジェルマンのジャズ・メッセンジャーズ』**（**アート・ブレイキー**ほか）というライブ・アルバムにおける聴衆の騒々しい熱狂ぶりは、それ自体が音楽だ。

第四章　音楽と電気と幽霊と

人間が電気を使って音楽を聴くようになって百年以上たつ。この間に「音楽を聴く」という行為は、とりわけ身体次元において、エディソン以前＝電気音楽以前とは似ても似つかないものとなった。生の音楽と録音された音楽は、本当は演劇と映画くらい違うものなのだ。それでも二〇世紀においてはまだ、たとえば電気を使って音楽を記録するとか、音量を増幅するとか、音色を変化させるといったことは、「本来の」音楽をよりよく伝達するためのツール以上ではない――つまり「音楽」はかつてのまま人間が生身の身体で奏でる音楽であり続けていて、単にそれをもっと効率よく伝える補助・補正手段として電気はあるにすぎない――という幻想を、人は抱くことができた。しかし二一世紀の今日、電気が根底的に人間の音楽身体を作りかえてしまったことが、誰の目にも明らかになってきた。たぶん今の多くの若い人たちにとって「音楽をする」とは、モニター操作やパソコンゲームに近い感覚なのだろう。

音楽、それは電気が作り出す幻影だ

今日の人々が聴いている音楽のほぼすべては、電気を通した音楽だと言っていいだろう。そもそも大多数の人々にとって「音楽を聴く時間」の九割以上が録音された音楽、つまりラジオやCDやネット動画であって、ライブに行く時間はそれに比べると微々たるもののはずだ（音楽を聴くことを本職にしている私でもそうだ）。電気を通さないポピュラー音楽などありえないし、クラシックのようなアコースティック音楽の最後の牙城ですら、大ホールで演奏する場合は、目立たないようにPA（音響機器）を入れていることがある。オペラをスタジオ録音する際に、おそらく声とオーケストラのバランスを調整するためだろう、ポピュラー音楽と同様に指揮者も歌手も皆、ヘッドフォンをつけて棒を振ったり歌ったりしている映像を見たこともある。ビッグバンドの録音の際、借りたスタジオが手狭なときには、セクションごとに別々のスタジオに演奏者を配置して、同時演奏／録音するという話も聞いたことがある。スカイプを使って東京とニューヨークでセッションして遊ぶということも行われているようだ。

諸芸術の中で音楽と映画は、電気がなくなったら営みの大半が不可能になってしまうジャンルである。小説や絵画や彫刻や演劇ではこんなことは起こらないだろう。ロウソクのあかりで詩を読むのは苦労するだろうが、それはそれで風情もあろう。しかし音楽の場合、自分が楽器ができるか（あるいは歌えるか）、または身近に楽器ができる人がいない限り、私たちは音楽を聴けなくなってしまう。これまでスイッチ一つでヘッドフォンなどで便利に聴けていた音楽の楽しみが、あっという間に消滅してしまう。

それだけではない。東日本大震災のおりに都心でも多くのところで停電して暗くなっていたが、それを見た私はどういうわけか、「このまま地上から電気が消えてしまったら、膨大な過去の音楽演奏のアーカイブ《アルヒーフ》が消滅してしまうんだな……」などと思った記憶がある。私たちが当たり前のようにCDで楽しんでいるフルトヴェングラーやビートルズや美空ひばりの音楽は、実はみんな電気システムの中に封じ込められた過去の幽霊が奏でているものなのだ。ほとんど「音楽、それは電気が作り出す幻影だ」とすら言いたくなるほどである。

録音技術が生まれる以前の人々にとって音楽とは、「今ここ、私のそばに、誰かがいる」という絶対的な証であった。当然ながらアコースティック環境にあっては、音を鳴らす誰かが「今ここ」にいない限り、音は鳴らないのだから。「音楽が聞こえる」とは、「音を鳴らす誰かがそこにいる」ということと同義だったのである。逆にいえば、当時フォノグラフと呼ばれていた初期蓄音機が登場したとき、多くの人々に強い違和感とショックを与えたのは、「音を鳴らす人の不在」だった。トーマス・マンの『魔の山』の中の「楽音の泉」という章は、こうした初期レコード文化史という点でとても興味深い。

「櫃《ひつ》の内部から人間の声が、男声がふっくらと、力づよく、オーケストラの伴奏で流れでた。イタリアの有名なバリトン歌手の声であった〔中略〕器械を見ずに耳を傾けていると、サロンに声楽家自身が楽譜を持って現実に立ってうたっているとしか思えなかった。声楽家はイタリア語でオペラのむずかしい詠唱《アリア》をうたった、——ああ、床屋。親方、親方！　そこ行くフィガロ、あそこ行くフィガロ、フィガロ、フィガロ、フィガロ。——聞いている客たちは〔中略〕腹をかかえて笑った。〔中略〕聴衆はそのうたいぶりに興奮させられて、うたいおわるのを待たずにブラヴォーを連呼した」（岩波文庫『魔の山（下）』より。以下同）。

以上からおわかりのように、初めてレコードを聴いた客は拍手をしている、つまり（たとえば手品などでいかにもありそうなことだが）まるで蓄音機の箱（マンは「櫃」と形容している）の中に人が隠れて歌っているかのような反応を、客はしているのである。歌声が聞こえてくるからには「今そこ」に誰かいるんだろう／いないはずがない——そんな反応だ。

しかしやがて蓄音機に慣れてくると、最初とは少し違った当惑が生まれてくる。蓄音機の前で「何時間も過ごし、両びらきの扉を左右にひらいた櫃のまえの安楽椅子に坐って、両手を組みあわせ、首をかしげ、口をひらき、流れでる楽音の奔流につつまれて」いる主人公は、次のようなことを考える。「彼をまえにしてうたってくれた男女の歌手たちは、姿を見せず、本人はアメリカ、ミラノ、ウィーン、ペテルスブルグにいるのだったが、——本人はどこにいようとかまわなかった」云々。ピタゴラスは自らの神秘性を高めるためにカーテンで姿を隠して講義をしたと言われ、こうした音源が見えない状態で音が聞こえてくることを「アクースマティック」と言うが、まさに『魔の山』の主人公を当惑させたのは、不在のはずの歌手の声だけが今ここで聞こえてくる経験であった。

ちなみにプルーストの『失われた時を求めて』の中にも、大好きだった祖母から電話がかかってきて、しかしあれだけ愛していた祖母の声がそのときひどく奇妙なものに聞こえ、ショックを受ける主人公のエピソードが出てくる。音がするのに音を発生させているはずの身体がそこにない——今日の私たちはこの状況について何の疑問も覚えず、当たり前のことだと思っているが、録音メディアが出現した当初の状況を生々しく想起しておくのは、とても大事なことだと思う。ひょっとすると音楽が持っていた根源的な何かが、その瞬間を境にして一変してしまったのかもしれないのだから。

「録楽」——そこにない／どこにもない身体が奏でる音楽

今そこにいない人——もはや死者であるかもしれない——が、今そこで歌っている。よく考えればこれは異様なことである。たとえば冬の深い森の夜道で迷ってしまったとき、そこに誰かが歌いながら近づいてくるのが聞こえたとしたら、それはどれほど人を安堵させることか。音楽というものはひょっとすると、「私は地上でたった一人かもしれない」という実存の不安を根源から打ち消す力をもった何かだったかもしれないのだ。「あなたは地上で一人ではない」と言ってくれる何か。しかしながら歌声がする方向に歩いて行って、そこで見つけたのがスイッチが入ったまま鳴り続けているCDプレーヤーだったとしたら、人は絶望のどん底に叩き落とされるのではあるまいか。電気が作り出す幻覚は恐ろしい。

第二章でも触れた三輪眞弘は、電気メディアと音楽のかかわりを、最も根本的なところから考え直す作品を世に問い続けてきた前衛作曲家であるが、彼は「録音された音楽」と「生の音楽」とは根本的に別ものであり、前者は「音楽」ではないということを明確にするべく、「録楽」という概念を提唱している（フォルマント兄弟（三輪眞弘＋佐近《さこん》田《だ》展康《のぶやす》）『フレディーの墓／インターナショナル　「デジタル・ミュージック」における6つのパースペクティブ』というテクストがネットで読める）。

三輪によれば「音楽」とは本来、今そこに人間がいて、今その場で聴かれるもの以外ではあるはずがないのであり、複製技術によって不在の人間が奏でる何かは、「録楽」ではあっても「音楽」ではないというのである。〈♪11〉

三輪は再三録楽を「亡霊」にたとえているが、これは卓見だ。確かに録音で聴く音楽にはどこか幽霊じみたものがある。マンの『魔の山』の主人公は、蓄音機でヴェルディのオペラ《アイーダ》の最後の場面――主人公の男女が死罪宣告を受け、地下牢に生き埋めにされるところで歌われる愛の二重唱――を聴きながら、次のような凄惨な光景を想像する。「二人は、土牢のガスに肺をみたされ、二人が一しょに［中略］痙攣《けいれん》しながら餓死をとげ、二人の体は腐敗して二目《ふため》と見られない姿にかわり、土牢のなかには骸骨が二つ横たわるだけになり［後略］」。

ここでマンは《アイーダ》の恋人たちと、その役を歌っているひょっとするともうこの世にいないかもしれない歌手の肉体とを、空想の中で重ね合わせている。肉体は地下でもはや朽ち果ててしまい、彼らの「声」だけが電気によって生きたときのまま保存され、この世をさまよっている――マンが思い描いているのはおそらくこんなイメージである。ちなみに彼が蓄音機を再三「櫃」にたとえていることにも注意をうながしておこう。いわく「魔法の櫃の魔術、――ヴァイオリン用材でつくられた低く小さな棺《かん》ふうの箱、くすんだ黒色の櫃の妙音」。マンは蓄音機が幽霊、すなわちそこにいない者の声を呼び出す魔術であることを、直感的に察していたようである。

ただしマンが『魔の山』で描いた二〇世紀初頭の初期蓄音機の時代にあっては、録音された音には必ず特定の人間のリアルな身体が対応していた。これを忘れてはなるまい。たとえ今は別の都市に演奏旅行におもむいているにしろ、あるいはもはやこの世にはいないとしても、ともかくその音楽を奏でた者の身体は録音時には実在していた。

言うまでもなく音とは空気振動であり、必ずそれを発生させた身体がある。少なくともかつてあったはずである。だからこそ人は、たとえばサラサーテのような伝説のヴァイオリニストのSPレコードを聴くとき、まるでそれを聖者の遺骸を崇めるかのようにして聴く。マリア・カラスでもルイ・アームストロングでもフルトヴェングラーでもいい。「ああ、もはや彼女／彼はこの世にいない、しかし確かにかつてこの音楽を奏でた身体が、地上に存在していたのだ」――そういう驚嘆をもって録音に耳を傾けるのだ。

しかしながら二〇世紀の半ばを過ぎたあたりから、「いまだかつてどこにも存在したことのない身体が奏でる音楽」を、電気によって自在に作り出すことができるようになり始める。いまどきの若い人ならヴォーカロイドを連想するだろう。しかし二一世紀まで待たずとも、すでに半世紀以上も前から、それもクラシックの世界で、電気操作により架空の身体が奏でる音楽が録音されるようになっていた。

多重録音音楽の歴史

私が真っ先に思い浮かべる「架空の身体が奏でる音楽」は、一九五二年にフルトヴェングラーが指揮して、キルステン・フラグスタートという伝説の歌手が歌った、ワーグナー《トリスタンとイゾルデ》のスタジオ録音である。この録音が行われたとき、すでにフラグスタートは最盛期を過ぎていたにもかかわらず圧倒的な歌を聴かせ、それは長らくクラシック・ファンの崇拝の的であった。ところが、である。後になって、実は第二幕冒頭の最高音だけが――もはやフラグスタートが歌うには無理があったため――若い歌手（まだ駆け出しだったエリザベート・シュヴァルツコップフ）によるものであったと判明したのである。まるでコピー&ペーストのように、この箇所だけが別の歌手の声を貼り付けられていたのである。いわば二つの身体（声）がキメラのように電気合成されていたわけだ。

似たような例としては、デッカというレコード会社の辣腕プロデューサー、ジョン・カルショーが企画したワーグナー《ニーベルングの指環》も有名である。彼は一九五八年からなんと八年をかけて、この巨大なオペラの全曲スタジオ録音を完成させたのだが（LPレコードで十九枚、CDでも十四枚！）、スタジオ録音の利点を生かして、ここでは二十人以上の伝説の名歌手たちが集められた。端役に至るまで超大物を起用したのである。

しかしながら、そのような売れっ子たちのスケジュールを調整して、録音日に全員を集めることなどできるはずがない。そこでカルショーが考えたのは、映画やテレビの別撮りに似たやり方、つまり別々の日に録音した歌手たち（そしてオーケストラ）のサウンドを後から合成するという手法だった。ここではもちろん個々のパートを歌っている歌手の身体はリアルなわけだが、彼らが一堂に会して歌っている空間というものは完全にヴァーチャルである。

ビートルズ後期の多重録楽、あるいはグレン・グールドやビル・エヴァンスの一人多重録音デュオ（一人でデュオの両方のパートを別々に録音してから合成する）についてはよく知られているので割愛するとして、二〇世紀も終わりに近づいてくると、こうした一人多重演奏を「ライブで」行う試みが出てくる。ポップスではおそらくこうした技術が駆使されているのだろうが、アメリカ実験音楽を代表する作曲家スティーヴ・ライヒがギタリストのパット・メセニーのために作曲した《エレクトリック・カウンターポイント》なども有名だ。あらかじめ録音しておいたパートを相手にライブでギタリストが対話をするというコンセプトになっていて、場合によってはメセニーが録音していたパートを使って演奏することもできる。基本的には一種のマイナスワン・レコードである。同じようなことを同時期にブーレーズも《二重の影の対話》というクラリネット作品で行っているが、この曲のタイトルは意味深長だ。あらかじめ録音された演

奏とライブの演奏のいったいどちらがどちらの影なのか……。〈♪12〉

ジェイコブ・コリアー——電気合成された身体で遊ぶ二一世紀少年

電気合成された身体といえば、最近知った途方もない才能を紹介しておきたい。名前をジェイコブ・コリアーといい、動画の撮影当時おそらくまだ十代、見たところ陽気なオタク系の少年といったかんじの若者だ。ピアノ／キーボード、ベース、ギター、ドラムなど、なんでもすべて自分で弾いてしまう。歌もうまい。そして全部ひとりで多重録音する。自分で全部演奏し、その合成画像をネットに投稿しているうち、あっという間に彼は大ブレークし（スティービー・ワンダーのリメイク《Don't You Worry 'Bout A Thing》など）、すでにグラミー賞を二部門で受賞しているとか。初期の映像を見ると、まだまだ子供という印象であるが、やっていることについてはただ驚愕という以外に言葉が見当たらない。

コリアーの映像で何よりすごいのはライブ演奏である。「Jacob Collier—Close to You—Live From Lincoln Hall」をご覧あれ。彼は「一人多重録音演奏」をリアルタイムで生身でやってのける。おそらくかなりの音源を事前にサンプリングしているのであろう。それらをあれやこれや自在に選んで流しながら、気分のおもむくまま、まずはスネアドラムを、次は鈴を鳴らす。

おそらくそれらもその場でサンプリングされているのだろう。そしてそのモチーフをそのまま自動的にループさせておいて、次はベースを弾きながら歌い始める。バックには自分がサンプリングしたものが鳴っている（ときどきそれらを変調させているようである）。そしてお次はキーボードの前に移動して弾き歌いを続けるのだが、なぜか今度は歌がコーラスになっている。どこにもバックコーラスはいないのに！

このあたりのからくりは私にはさっぱりわからない。こういうことができるようなソフトが今やどこかから発売されているのだろうか？　とにかく、どう目を凝らして見ても、ステージにいるのは彼一人だけである――十人くらいでやっている音楽に聞こえるにもかかわらず。

ちなみに音楽スタイルという点でコリアーは、軽妙なヒップホップ系が中心と言っていいのだと思うが、この映像で何より驚嘆すべきは、音楽スタイルではなく、その自在のマシーン操作能力である。つまり少々意地悪く言えば、ここでの音楽行為の焦点は「音楽それ自体」、つまり「それでいったいどういう音楽を聞かせてくれるの？」という問題ではなくなっているということだ。「サンプリングした音型をループで自動再生し続ける、そしてそれをバックに弾き歌いする」という手続きが演奏の基本なので、どうしても同じ単純なパターンの繰り返しが多くなる。とりわけリズム・セクションは控えめに言っても相当に単調だ。音楽それ自体のつくりはかつてのアナログ音楽（たとえばモダン・ジャズ）の方がはるかに複雑なのは皮肉である。

ただし、コリアーのような若者にとって「音楽をする」とは、「電気メディアと遊ぶ」こととほぼ同義なのだとするなら、話は別だ。「音楽それ自体は単調だ」などと難癖をつけてもお門違い、いまどきの子供にとって、人間相手ではなくAI相手に将棋をやる方が面白いのと同じ、そういう時代が到来しているということだ。〈♪13〉

シュトックハウゼンとクラフトワーク——トータル電脳化以前の電気音楽

こうした電気メディアとのライブでの戯れ——いわゆる現代音楽の世界でいうライブ・エレクトロニクス——は、かつての西ドイツの前衛音楽の雄カールハインツ・シュトックハウゼンが一九六〇年代に先鞭をつけ、一九七〇年代に入ってポップスの世界（とりわけテクノポップなど）でいわば「実用化」されたものと言っていいと思うが、こんなコリアー少年のあどけない表情と信じがたい宙返りの連発を見せられたら、もはやクラフトワークもYMOもブーレーズも形無しである。

それにしてもコリアーのような若者にとって、自分の身体のリミットはいったいどこまでなのだろう？　こうした自分の身体の電気的な「影」とのライブでの戯れの歴史を、少し振り返ってみたい。まず右に触れたシュトックハウゼンの強烈な作品の一つに、《ミクロフォニー

Ⅰ》というものがある。楽器はただ一つ、巨大な銅鑼のみ（作曲者シュトックハウゼンはこれがMGM映画のオープニングでのライオンの唸《うな》り声に似ているのが気に入っていた）。それを二人の奏者がこすって音を出し、二人のマクロフォン奏者（と言っていいのだろうか？）が収音し、こうして集められた音を、アンプの前に座ったアンプ奏者（これまたこんな呼び方しかないのでこう言うのだが）がリアルタイムで変調して「曲」にする。巨大な楽譜――というよりも操作説明書というかんじだが――がちゃんとあり、各々の

「奏者」のすることは恐ろしく緻密に指定されている。

この「曲」の「演奏」で何より面白いのは、シュトックハウゼン自身が「アンプ奏者」をしている一九六六年の映像である。「マッド・サイエンティスト」といった風貌の彼が、すさまじい眼光でもって他の奏者たちを射すくめ、自分の思うままの音を自在に引き出し、そして思わず見惚れるような音楽的な手つきでもってアンプのつまみを操作していく様子は、オーケストラを指揮する巨匠とまったく変わらない。そこにはまだ指揮者と同様のきわめてリアルでアナログな身体感覚が残っていて、それが電子音システムという巨大ヴァーチャル・オーケスト

ラの怪物をすさまじい集中力とカリスマと直感で制御しようとしている。常人にはとてもコントロールすることのできない予想不能の暴走マシーンを、知力の限りを尽くして見事に制圧するヒロイズムがカッコいい。

《ミクロフォニー Ⅰ》は一九六四年の作品だが、次に一九七〇年代のテクノポップの祖、旧西ドイツのグループであるクラフトワークを聴いてみる（ＹＭＯに絶大な影響を与えたことで有名である）。シュトックハウゼンは実は西ドイツのロック系の音楽家の間ではつとに知られたカリスマで、彼の影響を受けたことで特に有名なのはタンジェリンドリームおよびカンというグループだが（後者にはシュトックハウゼンの作曲の弟子もメンバーとして加わっていた）、クラフトワークも当然ながらシュトックハウゼンの創作をよく知っていたはずだ。

一九七八年十月のライブ映像（ネットで見られる）で何より目を引くのが、四人の奏者のアンドロイドを模した無表情さである。一九七〇年代といえばシンセサイザーが急速に普及した時代であり、性能も飛躍的に向上し小型化されていった。メンバーたちは動くマネキンのようにときどきスイッチを操作し、ときどき愚にもつかない歌を口ずさみ、ときどきこれまた愚にもつかないリズムパターンを叩いてみせるのみ。シュトックハウゼンのあの壮絶な形相と、これはあまりにも対照的であり、またクラフトワークのメンバーたちはあえてそれを意識的にやっているのだと思う。要するにこれは、機械が発達してもう人間がやることはほとんど残っていない、いや人間すら機械システムの一部になっていくような虚無の音楽である。

クラフトワークのヒット作の一つに《アウトバーン》があるが、これは意味深長なタイトルだ。もちろん一つは高速道路の意味。しかし文字通り読めばアウトバーンとは「自動軌道」である。人間がほとんど何もしなくても、機械が勝手に自動運転してくれるのである。クラフトワークの作品はどれも能天気に明るい。情念はもはやどこにもない。それは人間のやることがもう残っていない虚無、自分のリアルな身体がどこにあるのかもはやわからない疎外、シュトックハウゼンにはまだ残っていたリアルな「音楽する身体」が徐々に壊死していくアンニュイ……。

こういうものを見た後でコリアーの映像に戻ると、彼がまるで電脳音楽システムという遊園地で無邪気に跳ね回るハリー・ポッター君に見えてくる。シュトックハウゼンのたぎるマッチョ&マッドな科学的征服欲も、クラフトワークのオール電化された利便性に対する疎外感も、ここにはない。前衛の時代だった二〇世紀の鬼才たちが英知の限りを尽くして生み出したはずのものが、コリアー少年を見ているともはや古色蒼然とした前世紀の遺物に見えてしまうのは皮肉だ。〈♪14〉

身体はトータル電脳化されうるのか？

いわゆる電子音楽の興隆期にあたる一九六〇年代に、カナダの批評家マーシャル・マクルーハンは、テクノロジーやメディアによって人間の身体は無限拡張されていくと主張して一世を風靡《ふうび》した。よく知られているように、杖や義足などの「道具」は、はじめこそ身体の外に取りつけられた異物のように感じられるが、慣れるにつれてまるで自分の身体の一部のようになり始める。自動車のハンドルもそうだろう。慣れた人にとってはハンドルを通して地面に直接触れているような感覚があるものだ。

そしてマクルーハンは、杖やハンドルや義足などアナログな道具だけでなく、ラジオやテレビのような電気メディアもまた身体の延長拡張を引き起こすといったのである。ただし電気メディアは杖などと違って、途方もない時間と空間を楽々と飛び越せる。何十年も前に亡くなった人の顔を今そこにあるかのように見ることもできれば、何万キロも彼方にいる人の声を耳元で聞くことも可能だ。マクルーハンが今日の電脳空間のようなものを思い浮かべていたことは間違いない。

しかしながら身体のある部位の拡張は必然的に、別のある部位の衰退ないし切断を伴うだろう。これを忘れてはいけない。マクルーハンはこのあたりについてはかなり楽天的だが（ある部位の機能が衰退したらしたで構わないというスタンスに見える）、たとえば私はパソコンを使うようになって（原稿をパソコンで書くようになって）三十年近く経ち、確実に手で漢字を書く能力のかなりの部分を失ってしまったことを、とても残念だと感じる。似たようなことであるが、いつでも聴き直すことのできる録音音楽ばかり聴いているせいで、ライブでの聴く集中力がいつのまにか落ちたような気がすることもある。知覚の拡張と壊死とはコインの裏表だ。

今の若い世代の人々――物心ついたときからパソコン環境と電子音の中で育ち、もっぱら電気メディアを通して音楽を聴き、ネットで入手したアプリを使ってデスクトップ・ミュージックで遊ぶことに何の違和感もない世代――はおそらく、電脳空間の中でもほとんどライブと変わらないようなリアル感を味わうことができるのだと思う。アダプターのつまみを回す自分の指先が電気信号に触れ、さらには地球を覆い尽くしている電脳空間へと接続されていくような感覚の方が、目の前で生身の人間がＰＡも使わず生演奏しているよりもよほどリアルに思えるような感性。一人多重録音したヴァーチャル動画演奏の方が、ヴォーカロイドに歌わせた声の方が、三次元の生きた人間の声よりリアルに聴こえるような回路。――だがこうした二一世紀の聴覚を獲得した代償として、音楽する身体のどこかの部位が確実に壊死したはずで、私はそこにとても興味がある。

アナログ時代（要するにレコードの時代）の録音プロデューサーたちは、何より「空気感」を記録することに最大の努力を傾注していたように思う。多くの楽器が一つの空間の中で同じ空気の震えを共有する感覚を、彼らは伝えようとしていた。これはとりわけジャズのライブ録音でリアルに実感できる。たとえばヴィレッジ・ヴァンガードにおけるビル・エヴァンスのライブ録音における、背後のお客たちの気配――演奏中でも平気でしゃべったり笑ったりしている――のなんとヴィヴィッドなことか。ジャズ・メッセンジャーズのサン・ジェルマンでのライブ録音も忘れられない。しかし多重録音等において音楽が繰り広げられているのは、振動で満たされた実際の空間などではなく電脳宇宙スペースだ。そこには空気は存在していない。コリアーを聴いてどうにも私が違和感を感じるのは、この「空気感」の欠落である。

私のようなアナログ世代にとっての「音楽する身体」とは、生身の人間の身体のうねりを感じること、「今ここ」の空気や楽器やステージの床の振動や他者の熱気が、自分の指先や鼓膜や胴体と共鳴することであったと思う。こうした意味で、たとえば指揮者のような手つきで電子音楽のアンプ・スイッチを操作するシュトックハウゼン、あるいは電気によって全自動化されたテクノを前にアンドロイドの虚無感を漂わせるクラフトワークに、私は自分と同じ身体を確かに感じる。だがコリアーのようにテレビゲーム感覚で電子音と戯れる身体は、私にとっては別の身体、異星人のそれだ。「人間ではない身体をもった人間」と言っても失礼には当たるまい。人間ではない身体をもった人間が、空気のない空間の中で音楽をやっているように見えるのである。

もちろん人類の歴史とはある意味で、道具の進化とともに必要なくなった部位をどんどん切り捨ててきたプロセスだ。私だって同じことはしてきたはずで、デスクトップ・ミュージックを楽々とやってみせる若者たちが、別の身体をもった異星人に見えてしまうのも、単に私が同時代のテクノロジー進歩についていけない年齢、自分の身体のリミットを否応なしに思い知らされる年齢になっただけなのかもしれない。身体のリミットとは「それを超えてはもはや自分の身体を拡張できない限界」のことであり、「その向こうにある道具はどうやっても自分のリアルな身体へと統合編入できない異物であり続ける、そんな境界線」と言ってもいいだろう。

今の私がとても知りたいのはただ一つ、トータル電脳化されたように見える身体でもって、パソコンを操りながら楽々とヴァーチャル音楽を作ってみせるような若者たちが、これからの長い人生の中でいつか——今の私が感じているような——身体のリミットをついに感じざるをえないような新しい音楽テクノロジーが出現するとすれば、それはいったいどのようなものだろうということだ。それとも身体が完全に電脳空間に接続されているのだから、つまり道具からの身体の疎外はもはや存在しないのだから、彼らはそういうリミットを感じることはもう永遠にないのだろうか。

情念と渦巻と共振の快感がないまぜになったような身体、電脳化をいやがる身体は今いずこ？　――そんなことをときどき考える。

西ドイツの前衛作曲家は、同時代の好奇心旺盛なロックミュージシャンたちの隠れアイドルでもあった。

♪13　**ジェイコブ・コリアー**については、本文で触れたリンカーン・ホールのライブのほかに、彼の名を一躍有名にした十代半ばの頃のネット投稿動画『**Don't You Worry 'Bout A Thing**』（300万回以上再生されている！）が必見である。こんなものを十代の少年が、たった一人でパソコンを使って作ってしまうのである！　ただしコリアーがこれを「一人で」やっているというすごさを別にすると、つまり画像は見ず音だけを聴くと、意外なくらい音楽それ自体はパターン的であることも見落としてはいけないだろう。

♪14　**シュトックハウゼン**による《**ミクロフォニー Ⅰ**》、そして**クラフトワーク**の《**アウトバーン**》（どちらも本文で言及した）の面白さは、音だけ聴いてもわからない。ぜひネット動画でパフォーマンスとしての面白さを味わってほしい。前者は Karlheinz Stockhausen-Mikrophonie 1、後者は kraftwerk 1978 live ですぐに検索できるはずだ。この時代の最先端の音楽家たちが、いかに鮮烈な社会批判の意識をもっていたか、そして同時代のテクノロジーの発達とのっぴきならない地点で対決していたか、よくわかるはずだ。

おすすめの音楽 *Vol. 4*

♪11　三輪眞弘の「録楽」概念の実践として、**フォルマント兄弟《フレディーの墓／インターナショナル》**がある。すぐにネットで見つかるはずだ（フォルマント兄弟とは三輪眞弘がメディアアーティストの佐近田展康と組んでいるユニットである）。これは社会主義のシンボルだった《インターナショナル》の歌（かつてのソ連の国歌でもあった）を、フレディー・マーキュリー（ロックグループ「クイーン」の伝説のヴォーカル）をコンピューター・シミュレーションした歌声でもって、日本語で歌わせるという、ぶっ飛んだ作品である。初音ミクと一見似た発想と見えるかもしれないが、問題意識のラディカルさは鮮烈であり、何より音楽作品として文句なしにカッコいい。この作品についての**フォルマント兄弟『フレディーの墓／インターナショナル　「デジタル・ミュージック」における６つのパースペクティブ』**というテクストも、非常に刺激的だ（これもネットですぐに見つかる）。

♪12　多重録音による本格的な「ヴァーチャル・ミュージック」の嚆矢《こうし》といえば、何といっても**ビートルズ**の**『サージェント・ペパーズ・ロンリー・ハーツ・クラブ・バンド』**だろう。このアルバムの曲が一度もライブで演奏されなかったのは当然だ。これはスタジオの中でだけ可能な音楽なのだ。ちなみにアインシュタインやオスカー・ワイルドやマリリン・モンローといった、歴史上の偉大な文化人の顔をずらり並べたレコード・ジャケットはあまりにも有名だが、その最後列、左から５人目にはシュトックハウゼンが映っている。1950〜60 年代にかけて電子音楽の可能性を劇的に広げたこの

第五章　ネット空間を流れる音楽——音楽とタブー

二一世紀における音楽経験のモードを決定的に特徴づけるのはネット動画である。互いに何の関係もない音楽ジャンルの間を横切り、がらくた動画をサーフィンしているさなかに、突如としてお宝のような映像に出くわす——こんな音楽との出会い方は、二〇世紀には想像もできなかった。商品カタログをめくるみたいにして音楽を聴いていいのかという疑問は残る。視聴回数だけでヒエラルキーができてしまうと、もう「いいもの」と「がらくた」の区別ができる人がいなくなってしまうのではないかという危惧もある。だが同時にネット空間には、さまざまな非正規の「激レア」映像があちこちに漂っている。公式ルートにのせられない宝物を、人はネット空間というゴミ箱に捨てるのだ。そしてノイズだらけのプライベート録音からは、ときとしてほとんどオカルト的と言いたくなるような超越的な音楽が聴こえてくる。

ネット動画と分裂的音楽聴

音楽の聴き方について二一世紀に入り最も変わった点の一つは、音楽を聴く手段の大半がネット動画になったことであろう。かくいう私もこの十数年の間に、CDをさっぱり買わなくなってしまった。そして授業のやり方もまるで変わった。かつて他大学に集中講義に行くときなどは、事前に授業で使う予定のCDを大量に段ボール箱に詰めて送っていたものだ。それでも授業を始めてから、「しまった……あのCDを持ってこなかった……」と後悔することはしょっちゅうだった。今はパソコンで動画を見られるようにしておいてくれと頼んでおきさえすれば、授業には手ぶらで出かけられる。もちろん違法にアップロードされた動画には注意が必要だが、授業の途中でたまたま当初の予定にはなかった曲を聴かせる必要が出てきたとしても、たいがいのものはネットにアップされている。

ネット動画を使うようになって以来、授業の進め方もまるで違ってきた。つまりジャンルも時代も軽々と超えることができるのである。私の専門はヨーロッパの音楽史（要するにクラシック音楽の歴史）だから、当然ながら授業のメインはそこになるわけだが、話の流れ次第ではちょっと別ジャンルを比較対象として話題にしたくなることもある。まったく当初の予定にはなかったのに、たとえばショパンのテンポ・ルバートについて説明をしようとして、「要するに演歌やムード歌謡の歌手のこぶしと一緒だよ」みたいなことを口走り、聴講者たちがどうもまだ要領を得ないようだと思うと、実際に前川清を聴かせてテンポの揺れを細かく説明するといったことが可能になる。そして何ごともなかったかのように再びショパンの話題に戻る。

ネットを使うようになって授業の進め方が良くも悪くも分裂的になっている気がして、いったい自分が何の次に何を聴かせ、その次に何を聴かせたかを、自分でチェックしたことがある。このときはまず、かつてのドイツの巨匠ピアニスト、ヴィルヘルム・バックハウスが弾くベートーヴェンのピアノ協奏曲を流し、その次に前川清、その次がジェロ、そしてその次はマウリシオ・カーゲルという二〇世紀後半に活躍したアルゼンチン／西ドイツの前衛作曲家、そして締めにアート・アンサンブル・オブ・シカゴ（一九七〇年代に登場したアメリカのいわばポストモダン風のフリージャズ・アンサンブル）を聴かせていた。

バックハウスとジェロとカーゲルなどというとまったく支離滅裂のリストに見えよう。ただ自分ではそれなりに筋が通った話をしていたつもりである。「伝統とか歴史だとかがもつ情念の澱《おり》のようなものが消えて、すべてがフラットでつるんとした記号操作になるのがポストモダンだ」といった趣旨のことを説明しようと思ったのである。

まず見せたのは、「生ける伝統そのもの」といった威厳ある表情でベートーヴェンを弾く、一九世紀生まれのドイツの偉大なピアニスト、ヴィルヘルム・バックハウスである。本当はその次にベートーヴェンの爆笑パロディーのようなカーゲルの『ルードヴィッヒ・ヴァン』（一九六九年）という映画（彼はシナリオと音楽の両方を担当した）を見せるつもりだったのだが、それより前に演歌を例にした方が手っ取り早い気がして、ジェロという歌手（そして比較に前川清）を見せてみた。ジェロとは一時期話題になった日本人クオーター（祖母が日本人）の演歌歌手で、ものすごくうまいのだが、歌い回しのどこかがかすかにイミテーション的で、まさにそのズレがポストモダン的演歌パロディーとして世間にウケたのではないかと思い、紹介したのである。

そして『ルードヴィッヒ・ヴァン』を予定通り見せてから、そういえばカーゲルにはクラシック教育を受けた演奏家たちに奇天烈な民族衣装を着せ、慣れぬ民族楽器を演奏させる爆笑シアター・ピース《エクゾティカ》（一九七〇／七一年）という作品があったことを思い出し、その動画を見せ（簡単に見つかった）、最後に、カーゲル作品と同じ一九七〇年代にジャズの世界でも似たような動きがあったことを言っておこうと思い立って、顔にいかにもアフリカ原住民といったかんじの賑々しいエスニックなペイントをし、民族衣装を身にまとって、「なんちゃってアフリカ民族音楽」といったふうな合奏を繰り広げるアート・アンサンブル・オブ・シカゴの動画を、この日の授業の締めくくりにしたという次第である。

こんなふうにして授業を進めるなど、ネット動画を利用できなかった時代には想像もつかなかった。そもそもカーゲル作品などＤＶＤが簡単に手に入るとも思えないし、アート・アンサンブル・オブ・シカゴにしても、公式に発売されている映像が少しくらいはあるだろうが、そんなにポピュラーなものではない。しかしネット動画で検索すると、彼らの映像がいくらでも見つかる。ヨーロッパやアメリカ（あるいは日本）などでかつてテレビ放映された番組などが、大量にアップされているのだ。

著作権という意味では問題が大ありなのは承知だが、これは私のような研究者にとっては本当にありがたい。かつてのように正式に発売された録音や映像しか資料に使えなかった時代と違って、はるかに豊かに分厚く、対象となる音楽についてのイメージを思い描くことができるのだから。

とはいえ……。私はコテコテのモダニストだから、ネットが可能にしてくれたこうした突拍子もない二一世紀的ジャンル横断に、ときとしていくばくかの躊躇を感じることは告白しておかねばなるまい。バックハウスのベートーヴェンと前川清とジェロとカーゲルとアート・アンサンブル・オブ・シカゴを一コマの授業の中で平気で聴けてしまう「自分」というのは、いったいどういう（無）神経をしているんだ……？　――こんな後ろめたさを少し覚えてしまうのである。〈♪15〉

ネットサーフィンはジャンル共同体を消す

右のエピソードからもわかるよう、ネットというものはジャンル概念を消去する。私のように相当ジャンル意識が強い（強かった）者ですら、ことほどさようにジャンル境界のメルトダウンは起こっている。平然と水と油のような異ジャンルを横切ることができてしまう。私に言わせれば「ジャンル」とは、単なる音楽様式上の範疇ではない。クラシックの重々しいサウンドとかジャズのシンコペーションとか尺八のかすれた音といった、純音楽的な特徴だけがジャンルの実質ではない。むしろジャンルというのは、特定の地域の特定の時代の特定の社会集団と、きわめて密接に結びついているのだ。たとえばクラシック音楽なら一九世紀ヨーロッパの上流ブルジョワといった具合に。

あらゆる社会集団において、そこで仲間として認知してもらうためには、人は暗黙の、しかしきわめて厳格な、諸々の作法を身につけなければならない。ある音楽ジャンルになかなかなじめないとき、それは単に音楽スタイルがまだよく呑み込めない（あるいは知識が不足している）というだけの問題ではない。それは当該の集団の作法に自分の心身がまだなじんでいないということなのだ。

あるジャンルにまだ完全には溶け込めていないとき、人は単に純音楽的な問題というにはあまりに生々しい、ある種の疎外感を感じる。なかなか仲間に入っていけないかんじ、自分だけが浮いているかんじ、自分がまだなじみのないジャンルのコンサートに出かけるときの独特のあの緊張感……。

コース料理などもそうであるが、あらゆる音楽ジャンルには固有かつ暗黙の「取り合わせの作法」がある。このコードにひっかかると、「ええっ!? それ食べた後にあれ注文するかあ?!このワインを注文しておいて、あれを食べるかあ?!」という反応が待っている。しかるにネット動画はコース料理ではなくてバイキングだ。こってりした中華の皿の隣に刺身をとってもいいし、ステーキの隣に寿司を置いてもいい。誰も「どういう神経をしているんだ! そんなもの水と油だ!」と目くじらを立てたりはしない。刹那の欲望は全開にされる。

文化的ごった煮をなんとも思わないこの(無)神経こそ、ポストモダン的ネットサーフィンの本領だ。そして同時にそれは、単に音楽ジャンルというのみならず、ジャンルが背負っている文化的社会的な固有性や差異を消去してしまうことでもある。「寿司をコテコテのステーキの隣に置いたりしたら作った人に申し訳ない」――こんな「文化」へのリスペクトの感覚は、バイキング的欲望の前には消え去る。

しかもネット動画はジャンル境界を、つまり時代と地域と社会層の境界を消して、すべてをフラット化するだけではなく、「価値」というクリテリア（基準）もまた消してしまう。動画サイトは地上のすべての映像をストックしようとするビッグデータであり、そこではお宝もゴミも一緒くたに保管されることになるのだ。私のように価値の差異を固く信じているモダニストにとっては、これは大変に苛立たしいことである。

リプレゼンテーションの機能不全について

たとえば「ショパン　英雄ポロネーズ」で検索するとする。私が期待しているのは、この曲を代名詞にしていたような、かつての巨匠ピアニストの録音の類だ。しかし試しにやってみればわかるよう、視聴回数上位にずらりと並んでいるのは（こういってよければ）若いジャリタレ・ピアニストの類、あるいは私的発表会での録画類、あるいは「弾いてみた、英雄ポロネーズ」式の素人の投稿ばかりだ。ルービンシュタインやホロヴィッツといった伝説のピアニストの録音はぜんぜん出てこない。ふつうの言葉で言えばこれは、「文化権威の究極の相対化」とでも言うべき事態であろうが、それを私は「リプレゼンテーションの機能不全」と呼んでみたい。

リプレゼントとはなかなか日本語に置き換えにくい言葉で、ふつうは「代表する」「象徴する」「再現する」などと訳されることが多いが、私はこれを「身をもって具現体現する」とか、

「まさにそれそのものである」といったふうに解釈したい。キリストが最後の晩餐でパンを手に取り「これは私の肉である」と言ったという逸話がミサで「再現」されるとき、ミサにおいてキリストを「代表」する司祭が手にしているパンは、キリストの肉を「象徴」しているだけでなく、まさにキリストの体そのものを「具現」している。キリストが身体ある存在としてそこに「降臨再現」される。本当にそこにキリストが降臨してそこにいる。

これと同じように、《英雄ポロネーズ》の代名詞とも言うべき巨匠がかつてそれを弾いたとき、そこではショパン自身の肉体が受肉され、再現されていたのではなかったか。それはまさに宗教的降臨や奇跡の類に非常に近いものだったのではなかろうか。まるでナポリの守護聖者サン・ジェンナーロを祝う祭りのように。ナポリのドゥオーモには聖者の凝固した血液がガラスケースに保管されていて、その祭りの日には司教がそれを取り出し、ゆっくりと振り始める。やがて固まっていた血が溶け出し、すると次の一年の町の安寧が約束されたと、ナポリ市民たちは狂喜するのである。

名演奏というものはどこか聖者の降臨ないし再受肉の儀式と似ている。ふだん楽譜という形で凝固している「あの名曲」の血肉が、はたして今日は再び受肉されるだろうか……？　こんな宗教的期待とともに聴き手は演奏家の登場を待ち受ける。そしてカリスマ巨匠とは、単に技術的に「うまい」だけではなく、作品の受肉と降臨という奇跡の儀礼を成し遂げる司祭のような存在なのではないか。「名演」とは神話的な蘇りの儀式の一種なのである。

いわゆる「レパートリー」がある古典音楽（歌舞伎や能などもここに含められよう）だけでなく、ジャズやロックなどコアなファン層を前提とするジャンルでも事情は同じだろう。これらのジャンルのファンは、いわば宗教的共同体を作っている。彼らは「俺たちの音楽」を崇拝する信者たちだ。そして彼らが「ジャズの魂」とか「ロックの魂」と呼んで崇める何かを、カリスマ・ミュージシャンは呪術で呼び出し受肉させる……。

しかるに私たちがネットでずらりと上位に並んでいるジャリタレ・ピアニストたちの《英雄ポロネーズ》の動画をサーフィンするとき、こうした受肉の奇跡は起こりそうにもない。それは品評会であり、アイドル探しであり、要するに商品カタログをめくるような「どれにしようかな？」である。「いいね」の数や視聴回数に端的にあらわれているよう、それが数値化ときわめて相性がいい点にも注意を促したい。

誰が一番カッコいいか（快楽指数）、誰なら自分でもまねできそうか（マニュアル的利用価値指数）、誰をまねすれば試験でいい点がとれそうか（競争力指数）――まねできそうにないもの、すごいけれど減点されそうなもの、今の感覚からするとすぐにはピンとこないものは排除される。「ショパン　英雄ポロネーズ」で検索しても、偉大な巨匠の演奏に一向にお目にかかれない理由は、存外こんなところにあるのではないかと想像される。

海賊版の禁じられた魅惑

周知のように、写真や録音といった近代の複製技術が芸術からオーラを奪うに至ったと論じたのは、ヴァルター・ベンヤミンである。かつてたとえばラファエロのマドンナ像のような大傑作は、この世にたった一つしか存在しない聖遺物の一種であった。こうした「今ここ(あのとき、あそこ)性」が、偉大な芸術作品のオーラの源泉であった。だからこそ、ゲーテのイタリア紀行にその典型が見られるが、芸術作品の鑑賞行為はどこか聖地巡礼の旅に似ていた。この世にたった一つしかない奇跡のごとき名作を崇めるために、一生に一度の旅に出るのだ。しかるに複製技術は、たとえどんな名作であっても、いつでもどこでも誰でも体験できるものとした。レコードにより、写真により、名作は複製可能となる。いつでもどこでも見られる／聴けるようになる。地上にたった一つのものではなくなり、それに伴ってオーラも消滅する。

オーラが消えることで、芸術の体験はもはや一握りの文化エリートの特権ではなくなり、かくして芸術は民主化されていくのだと、ベンヤミンはオーラの喪失をかなり肯定的に論じているのだが、それはともかくとして、芸術の体験を巡礼になぞらえるのは、私には感覚的にとてもよくわかる。そして自分自身の記憶を辿るなら、かつては「レコード店に行く」という行為すらも、ある種の巡礼オーラをまとっていた。小遣いを握りしめ、「私だけの一枚」を買いに行くのである。たとえ複製技術の産物であろうが、こうして買ったレコードはこの世でたった一つ、私だけのためにそこにあるような輝きを放っていた。

複製技術によるオーラの抹消が最終的に完成したのは、やはりネット時代に入ってからであろう。かつて一生懸命お金をためてわくわくしながら買ったレコードも、今ではただのネット情報の一つだ。誰でもいつでもどこでも気軽に聴ける。情報化されてしまうと、もはや「今ここだけ」「あのときあそこだけ」性は漂白剤をかけたように、きれいさっぱり漂白されてしまう。にもかかわらず私は最近、ひょっとするとこうしたネット動画には、オーラを消す作用だけでなく、それとは真逆の「オーラを増幅させる力」、「新しいオーラを発生させる力」があるのかもしれないという気がし始めてきた。

そのあまねく貫徹されたフラット化のゆえに、ネット空間はときとして究極の超越的なものを降臨させるのではあるまいか……？　実際ビッグデータはまさにゴミ箱のようなものであって、素人の投稿のようなものだけではなく、たとえば法に触れるがゆえに非公開になっていた（あるいは価値に人が気づかずにゴミ箱行きになった）「おたから」もまた、そこに「ゴミ屑」として大量に放り込まれているのである。

非合法であるがゆえにゴミ箱行きになった「おたから」の典型は、いわゆる海賊版録音である。その多くは半世紀以上も前の、もはや著作権も切れていると思われるくらい古いものだが、かつてのレコード時代には、ファン垂涎の非合法ライブ録音を、行くところに行けば買うことができた。海賊版専門店などというものもあった（日本では神田のあたりに小さな店があったのを思い出す）。

二十歳くらいのときにニューヨークでたまたまハーレム近くにあるこうした店を訪れたときの衝撃を、私は今でも忘れられない。ほとんど録音も残っていない戦前の伝説のピアニストたちの非合法レコード、一度は許可が出たもののすぐに発売中止になったリヒテルのライブ録音、マリア・カラスが大昔にメキシコでオペラを歌ったときの隠し録りといったものが、小さな店にところ狭しと置かれている。そして少し怪しげな空気を漂わせたコアな兄ちゃんが、こちらの好みを伝えると店の奥からあれやこれや出してくる。しかし非合法録音だけあって、どれも一〇〇ドル以上した記憶がある。

たとえば二〇世紀最大のピアニストと謳われたヴラディミール・ホロヴィッツが、半世紀以上前にカーネギーホールで演奏したチャイコフスキーのピアノ協奏曲第一番。その出来が彼のどの正規録音もしのぐすさまじいもので、しかしレコード会社によってライブ録音されたものの、契約の関係でお蔵入りになってしまっていたことなどは、すでに知っていた。その闇録音の現物が本当に目の前にあった！

私がよろこんで大枚をはたいたことは言うまでもない。しかし今ではニューヨークまで行かずとも、そして一〇〇ドル以上出さずとも、ネットサーフィンでこういうものをいくらでも探し出せる。ただし単にフラット化されてオーラが消えてしまったということではない。つまりネットにおける海賊版の動画探しは、通常の「検索」とは少し違っていて、大量のゴミの山からたった一つの宝石を見つけ出す「宝探し」に似ているのである。そして宝探しにはどこか、禁忌だけがもつ官能的な魅力とオーラが伴っている……。

ノイズはオーラを増幅する

「商品」として隅々まで仕上げられた正規の録音にはない海賊版の誘惑。その理由の一つは、正規録音ではありえないような、そのノイズ性にあるように思う。言うまでもないが、今日「商品」として出回っている録音の大半は、かつてのアナログ録音のいわゆる「リマスター」も含めて、きれいにデジタル処理されている。アナログ録音はノイズや不可聴音域も含めてすべての音を、それも時間的間隙なしに、連続的に拾っていく。そこには意図せざるノイズがたくさん入る。それに対してデジタル録音は、時間的に間隔を空けて、音響情報を拾っていく。具体的には四四一〇〇分の一秒ずつ間を空けて録音していくわけだ。人間の耳には絶対に知覚できないくらいの短い間隔ではあるが、音と音の間が空いていることに変わりはない。

またデジタル録音ではいわゆる不可聴音域――振動数が大きすぎて人間の耳には聞こえない高音、あるいは振動数が小さすぎて高さがあるとは聞こえない低音――が、大幅にカットされることになる。音響データを思いきり圧縮して、一枚のCDにできるだけ長時間の録音を詰め込むためである。「耳に入っているのだがどうせ人間の耳には聞こえない音」とか「音楽以外の音」は極力排除される。言ってみれば背景がきれいにカットされたポートレート写真のようなものだ。音楽という「図」だけがくっきりと切り取られ、「地」は余分なノイズとしてすべて消去されている。だからデジタル録音はあんなにも鮮明なのである。

しかし鮮明だから、ノイズがないからといって、必ずしもリアルとは限らない。これが面白いところだ。リアル感のなさという点で、デジタル録音はCGに似ているかもしれない。ゴジラの着ぐるみに模型の都市を破壊させる「特撮」が、たとえピアノ線のような仕掛けが見えたりしていても、いかにも本物が眼前に迫ってくるような迫力を感じさせるのに対して、同じことをCGを使ってやってみせても、細部は本物そっくりの精度で描き出されているにもかかわらず、画面がつるんと滑らかすぎてまったく本物に見えないという、あれである。

ゴダールの自伝映画『JLG／自画像』に、単なる背景のはずの書斎の本棚が、家政婦が掃除している最中にいきなりびりびりと勝手に震動し始める場面が出てくる。ポートレートの背景の本棚など本来は、そこから人生という「図」が浮き上がってくる単なる「地」にすぎないはずだ。それがまるで超常現象のように震動し何かを語り始める。とても印象的な場面である。

確かに「ある」のだが、あることすら忘れているもの。聞こえているのだが、ぜんぜん聴いていないもの。見えているのに、それが「ある」とは夢にも思っていないもの。私たちはふだん自分が見ている（見ようと思っている）／聴いている（聴こうと思っている）「図」ばかりを追って、その背景の「地」は――本当は見えている／聞こえているのにもかかわらず――その存在にすら気づいていない。私たちの日常生活はこうした単なる「再確認行為」だけから積み上げられているといっても過言ではない。だが実は、この再確認行為ではスルーされている「地」のかすかなノイズやにじみや埃こそが、私たちの知覚体験をリアルなものにしている、その基底なのではないか。CGで完璧にシミュレーションされた宇宙戦争よりも、着ぐるみゴジラが都市の模型を破壊するアナログ映像があんなにもリアルなのは、このノイズ性のゆえではないだろうか。

「確かに耳に入っているのだが聞こえない音」という幽霊のような存在は、たとえば倍音（もとの音の振動数の整数倍の振動数をもつ高い音）のことを考えてみれば得心がいくはずである。ショパンのある曲を弾いてみるとしよう。私たちはふだん、楽譜に書いてある音（要するに「この曲ではこの音がなる」とあらかじめわかっている音）ばかりを耳で追う。「図」ばかりを探す。しかしながら「この曲を弾けば必ずそれに伴って鳴る倍音」というものが確かに存在するだろう。ある曲が奏でられると、その倍音が織りなす「もう一つの曲」が、背後でかすかに響いているのだ。

たいていの人はまさかある曲の背後にかすかにもう一つの曲が鳴っているなどと想像もしないだろう。しかしそれは確かに鳴っているはずなのだ。私たちがなじんでいるはずの「あの曲」のドッペルゲンガーのようなものだ。確かに「在る」のだけれど、耳には聴こえないもう一つの曲。まさに幽霊のメロディーである。「もう一つのあの曲」と言ってもいいし、「あの曲」のパラレルワールドだとすら言えるかもしれない。

先ほども触れたように、デジタル録音では「幽霊のような倍音メロディー」のほとんどは、不可聴音域としてカットされているはずだ。だが倍音に限らず、こうしたノイズ性にこそ、音楽が本来もっている超越的なものが宿っているとしたらどうだろうか。ぼやけてよく聴こえない不鮮明なものの中にこそ何かは宿っていて、それこそが音楽をして何か魔術的なものにしているのだとすれば？　隅々まで商品としてピカピカに磨かれ、きれいに照明を当てられたようなクリーンなデジタル録音にはない秘儀性、「聴いてはいけないものを聴く」という秘めごとのような禁忌が、そこにはある。

亡霊がこの世に姿を現した痕跡？

ネット空間を漂う、「聴いてはいけない／見てはいけない」はずの、何十年も前のノイズだらけの映像を見るたび、私はこうした超常現象的な魔力を強く感じる。それはたとえば、どこかのテレビ局から流出したような、古い白黒映像などを見るときである。ルーマニアのテレビで一九七八年に放送されたらしいブカレストでのチェリビダッケの映像（エネスク《ルーマニア狂詩曲第一番》）。あるいは一九六〇年代にイタリアのＲＡＩが放送したミケランジェリの番組。存命の頃からほとんど幻のような存在であった彼らの、「生身の」演奏の姿をぼやけた映像で見ていると、それらがまるで、かつて確かに幻の妖怪がこの世に姿を現したことがあったという証拠のように見えてくる。幻がかつて実在したという幻のような証拠。これは実に不思議な体験である。

それにしてもこうした古い映像は、いったいどうやってネットでアップされるに至ったのだろう？　ホームビデオによってリアルタイムで録画していた人がいたとも思えないし、そんなに再放送の機会が頻繁にあったはずもあるまい。だとするとこうした記録の多くは、放送局の関係者が内密に外に持ち出し、ダビングを重ねてネット上に流出するに至ったと考えるべきな

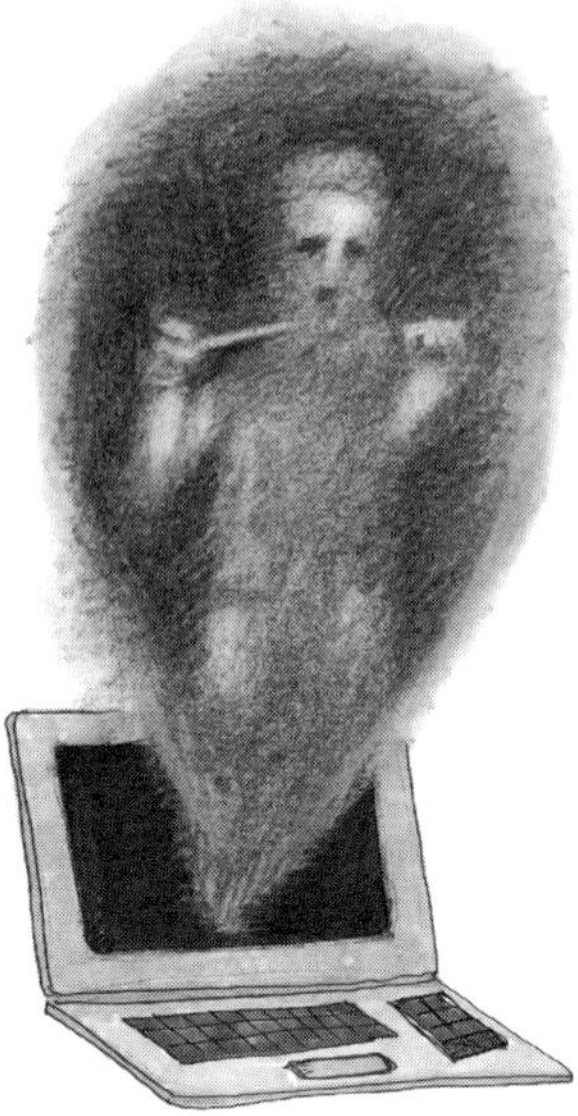

のだろうか？
リハーサル風景の映像の類もネット動画によって初めて、大量に見ることができるようになった世界である。たとえば、イタリアのピアニスト、ミケランジェリのラヴェルの協奏曲のリハーサルも短いとはいえ非常に面白いものだが、この類の映像がとりわけ多いのが、二一世紀後半の最大のカリスマ指揮者、カルロス・クライバーである。ウィーンでのニューイヤー・コンサートや、リヒャルト・シュトラウスの歌劇《ばらの騎士》のリハーサルなど、かなりの数の録画――それもテレビ放送と違って当初よりまったく公開を意図せずに撮られたそれ――が流れている。こんなことはネット登場以前には想像もつかなかった。しかしこれらの映像の迫力たるやすさまじいもので、音楽の魔力というものは、完成品としての演奏の背後にある何かにこそ宿っているのだということを、圧倒的な説得力でもって教えてくれる。
　こうした「流出盗撮映像」の極致が、「一九七四年のバイロイト音楽祭で《トリスタンとイゾルデ》を指揮するクライバーを、オーケストラ・ピットから固定のモニターテレビで撮った映像」である。第一幕前奏曲に始まって、第二幕のトリスタンとイゾルデの長大な二重唱、そして第三幕最後の〈愛の死〉まで、六本にわたり相当の時間の記録を見ることができる。演出関係者や合唱指揮などのためにオペラ上演では、常時指揮者の姿を簡易モニターで舞台裏に中継しているわけだが、それを誰かがこっそり録画して外へ持ち出し、流れ流れてそれがネットにアップされたのだろう。

どう考えてもこれは一種の盗撮であり、録画したのは劇場関係者であり、本来ならこんな映像は瞬く間に削除されるばかりか、「犯人」が厳重に処罰されたとしても不思議ではない。にもかかわらず、これを見たあらゆる人が、それは著作権法などといった範疇を超えた、奇跡の映像だと瞬時に解するのであろう。私がその存在を知った四年くらい前から一時も削除されることなく、これらの映像はネット空間を流れ続けている。

これはとんでもない映像である。神がこの世に降臨した瞬間の記録だと言っても誇張にはなるまい。モニターテレビだから白黒の画面は当然ぼやけていて、顔の細部はほとんど判別できない。だが、まるでこの世ならぬものが降臨したようなその立ち姿は、誰がどう見ても「彼」のものだ。指揮棒を持ってあんなふうに立てる人間は、この世にただ一人しかいなかった。

至福の喜悦に酔いしれ、ときとして稲妻に打たれたように全身を痙攣させ、あるいは催眠術師のような眼差しでこちらを睥睨《へいげい》し、そして額のあたりから不思議な光が放たれる。画面がぼやけているせいで、それはほとんど心霊写真のように見える。指揮者の身体から放射されるただならぬ気配だけが、フィルム上にテレパシーで固定されたかのように思えるのである。

この映像は、真夜中にジャングルを徘徊する幻の野獣の生態を、自動の赤外線カメラで撮ったそれに、少し似ている。たとえば自分が撮影されていることにまったく気づかず、トラップのニワトリに襲いかかる幻のイリオモテヤマネコ、といったものである。まったく飼いならされていない野生だけがもつ自然と優美と凄みと獰猛。音楽の営みもまた本来は、こうしたものの中にルーツをもっているはずである。

複製技術による音楽の脱魔術化のなれの果てかもしれないネットの中に、突如としてこうしたほとんどオカルト的とも言える魔術的映像が出現する——思うにこの逆説は「禁忌」の問題と深く関わっている。おそらく創造行為には、何びとも決して見てはならない、内奥の扉の内側というものがある。鶴が自分の羽を抜いて布を織るがごとき、芸術創造の究極の秘儀である。しかるにこのクライバーの映像はまさに、こうした秘儀の場面の「盗撮」だ。それも生半可なそれではない。夜中に神殿の内部に忍び込んで、その一番奥に鎮座してある偶像を盗み出す行為のようなものである。

この動画の存在を教えてくれた人は、「これを非合法に録画してアップしたヤツは、人類の知の遺産のために英雄的犯罪行為を犯した人物だ」と言っていた。きっと私たちは、一九世紀以来の「公開演奏会」の理念、つまり「音楽行為は公開するもの」という制度に、あまりにも慣れっこになりすぎているのだろう。しかしときとして映像は、絶対に秘密にしなければいけないはずのものを簒奪し、外に持ち出すことによって、芸術創作には畏怖すべき秘められた禁忌の領域があったことを逆説的に思い出させてくれる……。芸術の究極の魔力は罪やタブーと紙一重である。〈♪16〉

おすすめの音楽 *Vol. 5*

♪15　カーゲルの爆笑コメディー映画『ルードヴィッヒ・ヴァン』、そしてアートアンサンブル・オブ・シカゴを聴けば（見れば）、音楽におけるポストモダンがどういうものだったかすぐにわかる。前者はネットに複数の動画がアップされているし、後者についてもArt Ensemble of Chicagoで検索すると、さまざまなドキュメンタリー映像が見つかる。ネット恐るべし。こういうものを手軽に見ることができるなど、20世紀においては想像もできなかった。

♪16　カルロス・クライバーが指揮する《トリスタンとイゾルデ》は、ネット空間を漂うオカルト的非正規音楽映像の極致だ。「kleiber tristan」ですぐに見つかるはず。ただし「正規の」録音もネットにアップされていたりするのでご注意。見てほしいのは劇場のモニターテレビで撮ったノイズだらけの映像だ。またルーマニアの伝説の指揮者セルジュ・チェリビダッケが、チャウシェスク政権時代のブカレストでエネスク《ルーマニア狂詩曲》を指揮したときの白黒テレビ番組もおすすめである。他のジャンルでもこの種のほとんど超常現象的と言いたくなるような非正規映像は、いろいろと見つかるであろう。

第六章　癒し音楽に癒されてたまるか！

私にとって最も二一世紀的な音楽トレンド（つまり二〇世紀においては考えられなかったようなそれ）は、癒し音楽ブームである。いったいいつから人は、無条件で音楽＝癒しと思い始めたのだろう？　癒しはマインドコントロールと紙一重、未来映画『ブレードランナー』の原作小説『アンドロイドは電気羊の夢を見るか？』の中には、薬で自在に被験者の心理をコントロールする話が出てきた。薬物音楽で自在にマインドコントロールできる未来など悪夢である。これだけ多くの人が「音楽＝癒し」と思っている状況というのは、二〇世紀から見ればほとんどＳＦ小説並みの異様な世界だったはずだ。「癒されるために音楽を聴く」ということは、容易に「癒してくれるなら音楽以外のものでもいい」に転じる。「音楽ではなくて薬で代用できるならそれでいい」になる。音楽をサプリ代わりにしてはいけない。

いつから「音楽＝癒し」になったのか？

「癒し音楽」という言葉が世間に氾濫しはじめたのはいつごろからなのだろう？　少なくともかつての昭和バブル・イケイケ時代――若い女性がディスコのお立ち台で群れをなし踊り狂っていたころ――にはこんな言葉を見たこともなかったから、おそらくそれ以後の先行きの見えない不透明で憂鬱な平成の何十年かの間に、いつのまにか「音楽＝癒し」という連想図式が生まれたものと思われる。「癒しグッズ」とか「ネコ・ブーム」とか、ひょっとすると「アロマ」とか「パワーストーン」とか「パワースポット」の流行と、これはパラレルな現象だ。それだけ多くの人々がストレスをためこみ、明るく振る舞いつつも密かに孤立感を深め、しかしその根本原因を必死になって探すとか、状況をラディカルに改善するべく闘うといったことはせず、代わりに当座のうさを晴らしてとりあえずすっきりさせてくれる心のアロマを求めているということか。

しかし一度あらためて問うてみよう。音楽とははたして私たちを癒すためだけにあるものなのだろうか？　「お薬」なのか？　音楽イコール癒しと考えていていいのか？　「癒し」以外の音楽の豊饒な可能性を、私たちはどこかに置き忘れてしまっていないか？

私と同じく音楽史を専門とする古い友人が、げんなりした表情で話してくれたエピソードがある。なんでも、あるときテレビ局のディレクターだかプロデューサーだかが、番組制作のために「癒し音楽」と「元気が出る音楽」の違いについて専門的に教えてほしいと、彼の研究室を訪ねてきたのだそうだ。友人はそれに対して、音楽は「癒し」と「元気」だけに分類できるような単純なものではないこと、皆が「元気が出る」と感じる音楽を聴いて一人メランコリックな気持ちになる人がいていいし、この多義性こそが音楽の豊かさであるということ、「○○作曲の○○＝癒される音楽＝その客観的根拠は××」といった単純な「科学的説明」など不可能だということなどを話したという。すると件のディレクター氏は、「こんな要領を得ない話ではテレビ・ネタにならない」と言わんばかりに失望の表情を浮かべ、そのまま帰っていったのだそうだ。「癒し音楽VS.元気が出る音楽」というこの番組企画が実現しなかったことは言うまでもない。

○×クイズよろしく単純な二分法的ラベル――たとえば「癒し印」と「元気印」など――を貼って、あらゆるものをそのどちらかに分類して回る風潮は、いったいいつごろから始まったのか？　私がその最初の兆しとして思い浮かべるのは、四十年近く前にタモリが深夜ラジオで流行らせた、「ネクラ／ネアカ」というセットである。そういえば「癒し／元気が出る」というラベルも「ネクラ／ネアカ」の変奏と見ることができなくもない。

「ネクラな人のための癒しの音楽」、そして「ネアカになりたい人のための元気印の音楽」。いずれにしてもみんな「根」は明るくない。だから音楽を聴いて「たまには暗くなっていいんだよ」と慰められたり、あるいはなんとか明るいフリをしたりしたいということなのだろう。その意味では「元気が出る音楽」とやらもまた、「癒し系音楽」の一変種だ。いずれにしても、こういうものがこれだけ流行するということは、それだけ多くの人が心にストレスを抱え、癒しサプリや元気サプリを求めているということであって、これは相当に深刻な社会的病理の兆候ではある。

音楽はサプリじゃない！

ただし、「どうやら癒しを欲している人が今は無数にいるらしい」ということ以外に、癒し音楽ブームをここまで加速させた要因として、私は「ネット検索」を看過することができないと考えている。単に癒しを求めている人が多いからではなく、「癒し音楽」が検索用語だからこそ、「音楽といえば癒し／癒しといえば音楽」という図式が人々に刷り込まれていくのではないかと思うのだ。

たとえばSpotifyという音楽の配信サービス（四千万曲以上を聴くことができ、しかも一日に二万曲もの楽曲が追加されているという）の宣伝コピーには、「『パーティーの時の音楽』『眠れぬ夜の音楽』『悲しい気分のときの音楽』など、シーンや気分に合わせたプレイリストを用意しています」とある。「癒し音楽」とは「シーンや気分に合わせて」音楽を検索するときのフォルダ名の一つなのである。

よく考えてみれば以前は、音楽検索のためのフォルダ機能を果たしていたのは「ジャンル」であった。「自分はこういうタイプの音楽が好きだから（あるいは今はこういうタイプの音楽を聴きたい気分だから）、何かそれにぴったりの曲を探そう」と思ったとすれば、人はクラシックやジャズやロックや演歌といったジャンル・カテゴリーの中から、好みの曲を探していた。

やや図式的に言えば、クラシックとか歌謡曲というものがまず大区分としてあって、その下に下位区分として「交響曲」とか「オペラ」とか「ビッグバンド」とか「ピアノ・トリオ」とか「プログレ」等があり、そこにお気に入りの作曲者や歌手やグループや演奏者をかけあわせて、人は次に聴く曲を見つけていたのだと思う。「ジャズの中でも特にピアノ・トリオが好きで、わけてもビル・エヴァンスのファンだから、まだ聴いていない彼のアルバムを探そう」という具合に。

「ジャンル」というカテゴリーのアイデンティティを形作っていたのは、単に音楽のスタイルというだけではない。それを生み出した時代や地域の文化的背景や、主たる聴衆となる社会的集団が象徴する気質（「クラシック＝ハイソなブルジョワ」とか「ロック＝反抗する若者」といった）もまた、音楽ジャンルのアイデンティティの重要な決定要素だ。したがって「好きな音楽」というものは、特定の時代・地域・文化・気質に対する憧れと、無意識のうちに深く結びついていた。だからこそ逆に、たとえば年配者がハードロックを聴くことは、やさぐれた若者の煙草の煙で息苦しくなるような狭い酒場にオッサンが一人でこわごわ入っていくような、ハードな対人関係的イニシエーションを伴っていた（私は京都のお坊ちゃま私学の出身だが、キャロル――かつて矢沢永吉がメンバーとして活動していた、バリバリのリーゼント・ヤンキー・ロックグループ――のコンサートに行って、カツアゲを喰らったという同級生が何人かいた）。あるジャンルが好きになるとは、ある社会集団に足を踏み入れ、その一員になることを含意していた。

対するに多くの人が今日「〇〇な気分にさせてくれる」とか「〇〇なシチュエーションに合う」といったカテゴリーで曲を検索しているとすれば、この違いは大きい。それは「効用」による分類だ。個々の曲を分類する際のフォルダが、ジャンルという社会的かつ歴史的で人間関係にかかわるものから、心理用途別のものに移行しているのである。「知らない世界に足を踏み入れる」というイニシエーションは、そこにはない。居ながらにしてすべてが自宅配送される時代にふさわしい音楽聴ではある。

端的に言って私は、心理用途別で音楽を探すなどというスタンスは、相当にエゴセントリックであると考える。「どういう人がどんな気持ちをこの歌に託したのだろう？」という他者への志向ではなく、「自分をこういう気持ちにしてほしい！」という欲望が先だっているように見えるのだ。たとえばパーティー用の音楽を探すとき、選んだ曲をいったい誰が、どんな背景をもって、どんな気持ちで作ったか、歌ったかはどうでもいい。パーティーのＴＰＯ、お客の気分、自分の気分にそれが合っていればいい。消費者の好みに合わなければそれは欠陥商品だということになる。

確かに昔から、聴き手を特定の気分に染め上げることを目的とする音楽は、いつも存在していた。たとえば宮中の晩餐会のＢＧＭとか勇壮な行進曲といった、実用目的の音楽は枚挙にいとまがなく、とりわけダンス・ミュージックでは元気溌剌《はつらつ》からロマンチックな恋の気分に至る、あらゆる「なれる気持ちリスト」が用意されてきたと言っても過言ではあるまい。しかしながら、特定の気持ちになることだけが音楽の存在理由だと思われると、それは少しさびしい。

別に音楽を聴いてある心理状態になること――たとえば癒されること――それ自体を悪いと言っているのではない。音楽がもつ癒しの力を否定するつもりもまったくない。だが「結果として癒される」ことと「最初から癒し目的で聴く」こととは、どこかが根本的に違う。つまり音楽はサプリではないということである。よくスポーツ選手がインタビューなどで、「試合前にはいつも〇〇のあの曲をイヤホンで聴いて元気をもらってます！」といった発言をしている。こういうものを耳にするたび、まるで音楽がスタミナドリンク扱いされているような気になるのは私だけだろうか。

ある気持ちになること自体を目的に音楽を聴く——この危うさは、それが音楽のもつ多義性を消す点にある。それこそが音楽をして諸芸術の中で最も悪魔的《デモーニッシュ》な芸術たらしめているところの、底知れぬ闇のようなものに、「元気」とか「癒し」とか「ロマンチック」といった薄っぺらいラベルを貼りつけてしまう。音楽はお手軽サプリではないし、人間の心も「今ボク元気」というふうに単純に割り切れるものではない。

音楽の多義性に戦慄せよ

こういうことを考えるときにいつも私が思い出すのが、モーツァルトが二十二歳のときにパリから父親宛てに書いた手紙のことである。小さい頃から神童としてヨーロッパ中の宮廷でちやほやされてきたモーツァルトであるが、二十代に入ってそろそろ一人前の大人の音楽家として定職を見つけなければいけない年齢になっていた。パリ旅行はこうした就職活動が目的であり、身の回りの世話をするために母親が同伴した。しかし宿命的なこの旅は悲惨な大失敗に終わる。ほとんど稼ぎもなく、何か定職にありつくこともできず、そのうえ優しかった母親がパリで客死したのである。

一七七八年七月三日の父への手紙は感動的である。このとき実はもう母親は亡くなっていたのだが、モーツァルトはそれを父に隠した。もう死んでいるのに「お母さんの病気が重篤なのです」と嘘をついた。父親を悲しませまいとしたのだろう。そして「（お母さんが）悪寒を訴え、熱っぽいと言い出しました。それから下痢と頭痛が起こりました」と書いてから、「ところで話題を変えます。悲しいことばかり考えるのはやめて希望をもちましょう。でも希望をもちすぎてはいけませんが」と続けた。

こうしてパリで初演した交響曲第三一番が大ウケした話を綴った後、「ぼくはもううれしくなってシンフォニーが終わるとすぐにパレ・ロワイヤルに行っておいしいアイスクリームを食べ、（お母さんのために）願をかけていたロザリオの祈りを唱えて家へ帰りました。ぼくはいつも家にいるのがいちばん好きです」と、手紙を締めくくった。だが――何度も繰り返すが――実はもう母親は死んでいたのだ。

ここで話題になっている交響曲第三一番では、これ以上ないくらいに華やかで優雅な楽想が大盤振る舞いされる。ときとして寂しそうな表情が浮かぶ。だがそれはいつもほんの一瞬で、最初から終わりまで音楽は祝典的な響きに包まれている。はてさていったいこれは「元気が出る」音楽なのだろうか。それとも――おそらくこれを作曲することでさまざまな憂鬱を晴らし、自分を鼓舞していたかもしれないモーツァルトに思いを馳せて——それに「癒される」べきなのか。

言うまでもなくそんな単純な話ではない。この音楽はため息が出るほど美しく快活だ。しかしそれを額面通りに受け取ってはいけない。その背後にはどこか深いメランコリーが漂っている。「癒し」とか「元気」といった聴き方では、音楽がもつ底知れないこの多重性を、絶対にうかがい知ることはできない。〈♪17〉

最近あるコンサートのプログラムでたまたま、指揮者の井上道義によるモーツァルトについてのエッセイに出会った（サラ・デイヴィス・ビュクナーによるモーツァルト・ピアノ・ソナタ全曲演奏会、二〇一八年九月、京都府民ホール・アルティ）。まさにモーツァルトの音楽のこの二重底性について語った、素晴らしい文章である。いわく「彼の音楽を演奏するとき、一番大切なのは『多くの表現が二重底の内容を秘めていること』を知ることだ。以前、元気なころの長嶋監督と読売交響楽団のコンサート後の対談の時、立教時代や巨人に入ったばかりの時、よくモーツァルトを聴いていて、同じ曲が、ある時は自分を元気づけ、ある時はあちらから悲しげに共感を求めてくるのが不思議だったと言って、そのあまりに当を得たモーツァルト像に驚嘆した。そう、楽しいのに寂しい、強いのに壊れそう、得意げなのに自信なげだったりする……」。

究極の絶望が至福の表情を浮かべる、楽しいのに寂しい、強いのに壊れそう——こうした音楽の深淵をまじまじのぞき込むのは怖いことだ。だからこそ多くの人は反射的に、その表面に何かラベル――「これはこういう音楽」という標識――を貼ろうとするのかもしれない。だが「癒し用」とか「元気用」等のラベルが、「ネアカ」と「ネクラ」といったラベルと同様、密かな同調圧力を伴っていることを忘れてはなるまい。元気が出るはずの音楽を聴いてしらけるヤツ、癒し音楽を聴いてもイライラが治らないヤツはビョーキだ、ノイズミュージックを聴いて「癒される」などと言っているヤツはヘンだ、ネクラだ、キモイ――ラベル貼りの延長にこういう話が待っていないとも限らないのである。

いわゆる現代音楽（つまり「不協和音だらけのわけのわからないヘンな音楽」と一般に思われているジャンル）のPRを目的とするネット番組で、最近とても興味深い場面を見つけた。この番組はシリーズものらしく、私が見たのは「プロ推薦　究極の癒し系音楽」と題された回だったのだが（YouTubeにアップされている）、そこに出演していた作曲家の中川俊郎《なかがわとしお》――日本の前衛的音楽を代表する一人である――が、「あなたにとっての癒し音楽は？」という問いに対して、マウリシオ・カーゲルの弦楽四重奏を挙げていたのである。

カーゲルは二〇世紀後半に活躍したドイツ系の作曲家で、曲のクライマックスで指揮者がオーケストラの面前で心臓発作を起こしたようにぶっ倒れてみせるという仰天パフォーマンスで有名な《フィナーレ》などが知られるが、弦楽四重奏（三番まである）でもガラスを擦り合わせるような、あるいは無数のハチやアブが耳元を飛び回っているような、あるいは神経線維を直接触られているような、まるで超音波で拷問されているようなノイズが次々に出てくる。しかし中川氏は平然と、「死にかかっているときに、こう、ギィーー！とやられると――これがある意味ビタミンになる、スキーっとする」と語っていた。

ノイズの方がかえって元気が出る／癒されるという人だっている。それどころか、世間で「癒し系」ということにされている優し気な音楽を聴いて、誰もかれもが「私も癒されました！」と優等生然と語るよい子ちゃんばかりになってしまったら、そんな世の中の方がかえって怖い。癒し系音楽なんかに癒されてたまるか！　――そういうメッセージを発してくる音楽があっていいし、安直な癒しを暴力的に拒否する音楽の方が、かえって深い癒しをもたらすことだってあるはずだ。〈♪18〉

癒し音楽の系譜を辿る

本章の冒頭でも示唆したように、世の中に癒し系音楽が氾濫し始めたのは、いつからかはっきり特定はできないまでも、少なくともこの数十年の間のことである。それ以前の（それこそカーゲルのような）前衛音楽やハードロックやフリージャズは、きわめて戦闘的な音楽であった。

ジャンルこそ違うものの、それらはいずれも挑発的かつ反社会的であることを志しており、おとなしく癒されてなんかいなかった。

新聞などでしょっちゅう「音楽＝癒し」という見出しを目にするようになったのは、私の個人的な感覚で言えば、東日本大震災の頃からである。これについては「10＋1 website」というサイトにポピュラー音楽研究者の増田聡による興味深い指摘があり、それによると「非常時を過ぎると、一転して音楽は震災復興のための『動員』に用いられる」ようになったが、実のところそれらは、「絆」や「がんばろう日本」といったスローガンと同じく、経済的動員体制をオブラートにつつむ修辞にすぎなかった（増田聡「『今、音楽に何ができるか』という修辞に答える──震災時代の芸術作品」）。

ひるがえって阪神・淡路大震災のときを思い返すと（当時私は神戸の大学に勤めていたから、あの頃の被災地の状況はリアルに覚えている）、「追悼」とか「鎮魂」といった言葉はあっても、音楽が「癒し」に結びつけられるようなことはなかったように思う。「音楽→癒し」ないし「癒し→音楽」という連想図式がはっきり言葉として人々の間に定着したのは、この十年くらいのことなのだろうと推測されるのである（「癒し」の語は一九九九年の新語・流行語大賞のトップテンに選ばれているようだ）。

ただし、何らかの新しい社会現象を指す言葉が見出されるのは、必ず事象そのものに対してワンテンポ遅れるのが世の常であって、「癒し系」といわれて人がピンとくるタイプの音楽は、すでに二〇一〇年前後には相当世に出回っていたものと想像がつく。もう癒し系音楽が一般化していたからこそ、「癒し」という文字があっという間に人口に膾炙したのだ。

これまた私の個人的な実感で言えば、前世紀末の一九九〇年代には今でいう癒し系音楽が、すでに次々とヒットし始めていた。ドイツで活動するグループであるエニグマが『サッドネス（永遠の謎）』というアルバムで引用したことがきっかけとなって、グレゴリオ聖歌のCDがいきなり世界中で爆発的に売れたのが一九九〇年。クラシック系でいえば一九九五年に出たオムニバスCD『アダージョ・カラヤン』。タワーレコードのホームページの紹介によると、これは「ありそうでなかったオムニバス企画」で、カラヤンが録音した作品の中から、マーラーの第五交響曲の〈アダージェット〉とかグリーグの《ペール・ギュント組曲》の〈オーゼの死〉のように、ゆったりとした瞑想的な曲ばかりをピックアップしておさめたもので、「昨年のグレゴリアン・チャント並みに欧州で大ヒットを飛ばした」。

当時非常に流行したケルト系ニューエイジ・ミュージックの歌手エンヤのブレーク（トム・クルーズ主演の映画『遥かなる大地へ』のテーマ・ソングのヒットが一九九二年）も忘れてはならない。映画『タイタニック』の主題歌であるセリーヌ・ディオンの《My Heart Will Go On》（一九九七年）も同じスタイルである。日本でいえば坂本龍一の《energy flow》のヒットが一九九九年。

そして翌年にはポピュラー系癒しイージーリスニングのアルバム『the most relaxing ~ feel』がミリオンセラーになっている（クラシック系の『アダージョ・カラヤン』のポピュラー・バージョンと言っていいだろう）。こうしたリストはいくらでも増やせる。〈♪19〉

癒し音楽の様式分析をしてみる

右に列挙したタイプの音楽はいずれも、驚くほどスタイルが似通っている。要するに「睡眠導入剤」なのである。少し専門的に特徴を列挙してみよう。その一。曲のダイナミクスは常にメゾピアノ（やや弱く）からメゾフォルテ（やや強く）の間。いきなり大音量が襲ってくるといったサウンドの非連続的な亀裂跳躍は、決して生じない。つまり音楽の「出来事」は起きない。不意打ちが襲ってくる不安がないから、聴き手は安心できる。「いつも先ほどのまま、今のまま、このまま続くんだよ、安心しなさい、何も起きないよ」と言ってくれる音楽、「状態」の音楽、入眠薬として最適な音楽である。

特徴その二。これらの音楽は大きな会場で集団で熱狂するようなものではなく、ヘッドフォンないし小さなスピーカーで、小さな音量で、できれば一人で、部屋にこもって聴くのに向いている。いわば眠る前の快い孤独が特徴であって、そばに誰かがいたりすると煩わしいと感じるときの音楽である。引きこもりたいときの音楽。他者がいないから私もいない。「私は在る」といった人称性は、そこでは消える。主体としての「私」がいつのまにか純粋な脳内環境に還元されている……。

特徴その三。いずれもテンポが驚くほど共通している。どれもスローなアンダンテ（いわゆる「歩くような速度」）なのである。人を興奮させるようなアップテンポにもならないし、音楽の流れを追うのに極度の集中を要求するほどテンポが落ちることもない。ゆったり快適なビートが揺りかごのように聴き手をずっと同じ周期で揺すってくれる。ちなみに単調な同じコードがピアノで「ぼーんぼーん」と反復されるアンジェラ・アキの曲の多くも同系統と言えるだろう。癒し系音楽は現代の子守歌である。

特徴その四。不思議なことに、「癒し系」と分類される音楽には、ある種の電気サウンドが特徴的である。坂本龍一が『アダージョ・カラヤン』も電子音楽の一種だと言っていたことがあったが、これは「一聴したところアナログ的に聴こえようとも、実は録音したオーケストラのサウンド素材をきわめて精巧に電気加工して仕上げたアルバムだ」という意味である。楽器演奏にせよ歌にせよ、生身で奏でられる音楽には必ず、それを作り出している人間の身体の気配のようなものが伴う。呼吸とか身体の熱とかよじれとか緊張とか快感などだ。しかし癒し系音楽では身体を連想させるノイズ類が、おそらく電気フィルターを使って、慎重に除去されている。

先に挙げた音楽はいずれも、まるでプラスチックのように無臭であり、体温を感じさせない。透明なサウンドを特徴にしている。それから——耳で聴いているだけでは正確には特定できないが——頭蓋骨を裏側からかすかに刺激するような独特の「キーン」という波動も共通している。脳波に直接作用するようなこの感覚が、「ニューエイジ」とか「スピリチュアリティ」に惹かれる人々にアピールするのだろう。

そして最後に特徴その五。先に挙げた音楽では延々と協和音が続く。どこにも不協和音がない。いつも調和している。不協和音のない世界＝苦しみのない世界。モダン・ジャズや二〇世紀のモダン・クラシックは言うまでもなく、一八世紀のクラシック音楽——たとえばモーツァルト——ですら、もっともっと大胆な不協和音が入っていた。

不協和音を解決しようとするからこそ、協和を求めようとするからこそ、音楽は強力に前へ推進される。しかし不協和音がそもそも存在していないのだから、時間は先へ進まない。協和した「今」のままでいいのだから。このことが癒し系音楽をして、まるで砂糖菓子のように甘く、金太郎飴のようにどこを切り取っても均質で、「調和した自然環境」とか「闇のない穏やかな心」といった願望を託しやすいものにしている。

以上のように癒し系音楽にはいずれも、起承転結といった物語性がほとんどない。どこを聴いても同じ調和した穏やかな波動が響いているだけなのだから、ここに直線的時間は存在しようがない。進まない。眠るだけ。それは本質的にBGM的であり、空間的であり、非時間的であって、決して聴く者に向かって「おまえら、目を覚ませ！　そんなのでいいのか?!」などとは言わない。「そのままでいいよ」の音楽と言ってもいいだろう。

こういうものを延々聴かされていると、私はほとんど発狂しそうになってくる。主体としての自分が溶けてしまう恐怖、痛みのない洗脳の恐怖を感じるのだ。こんなときは激しい痛みを与えてくれる音楽、我に返らせてくれる音楽、主体を取り戻そうとあがかせてくれる音楽がたまらなく欲しくなる。それこそカーゲルの弦楽四重奏のようなノイズに目を覚まさせてほしくなる。

二〇八四年——音楽不要の世界の悪夢

ジョージ・オーウェルの未来小説『一九八四年』ばりの「癒し音楽ディストピア」をときどき空想してみることがある。世の中の人々がみんな、どれだけ不満やストレスが溜まっても癒し音楽を聴いて癒されてしまい、体制に反抗することもせず、もちろんかつてのハードロックや前衛音楽のように暑苦しく「俺は怒ってるんだぞ！」とばかり過激なノイズで世間に抗議することもなく、洗脳された朗らかな無表情ときらめく眼でもって、唯々諾々と権力に従う――そんな無痛の洗脳社会である。

もちろんこんな世界にあって、「同じ癒しならカーゲルの弦楽四重奏のノイズを聴きたい」などと言おうものなら、あっという間にビョーキ扱いだ。治療が必要だということになるかもしれない。誰も暴力を加えはしない。優しく私を病院へ連れて行ってくれる。そこで治療のための癒し波動を二十四時間聴かされるかもしれない。

だがこの空想でもまだまだ未来に対して楽天的にすぎるかもしれない。私の考える「音楽におけるシンギュラリティ（人工知能が人間の知性を超える特異点）」は以下のようなものだ。二〇八四年、もはや人は音楽すら聴かなくなっている。聴く必要がなくなったのだ。なぜか？　二一世紀初頭、多くの人々が音楽に求めるのはもはや、心のサプリだけになっていた。もう癒しか元気しか音楽に求めようとしなくなったのだ。

その後、科学者たちによって「人を癒す波長」や「元気を出させる波長」の研究が進み、人を感動させる名曲の中からさまざまな癒し波長や元気波長が抽出された。モーツァルトのあの曲のあそこで非常に強力な癒し波動が出ていることが、ビートルズのあの曲のあの箇所ではきわめて効果的な元気波動が出ていることが、音楽学者と心理学者の共同研究によって発見され、薬品会社がこれを大きなビジネスチャンスと見て、その投資により古今東西の名曲からさまざまな効果的波動がサンプルとして集められ、それらを誰もが目的別にダウンロードできるようになったのである。

元気のない朝は「元気印」の波長をヘッドギアで五秒ほど聴いて出勤する。眠れぬ夜は「癒し印」の波長を聴けばすぐに安眠だ。「もう一時間もかかるシンフォニーを聴く必要はありません、モーツァルトの交響曲五曲ぶんの癒し波長を五秒に濃縮しました！」――製薬会社が至るところでＰＲする。「青魚〇〇匹分のＤＨＡを濃縮したサプリ」とか「しじみ〇〇個分のオルニチンを濃縮したサプリ」と同じ世界である。

二〇八四年――「昔の人は元気をもらうために『音楽』というものをわざわざ時間をかけて聴いていた。なんて非効率なことをしていたのだろう！　でももう大丈夫、このサウンド・サプリには三時間分の音楽の元気が詰め込まれていて、これを五秒聴くだけでＯＫ!!」――人々はこんな宣伝文句を何の疑問ももたず、当然のことと聴き流すようになっているかもしれない。なんという恐ろしい世界！　そういえば映画『ブレードランナー』の原作となった、悪夢のようなＳＦ小説『アンドロイドは電気羊の夢を見るか？』にも、自在に気分を薬物コントロールできる未来社会が描かれていた。
ほんとはこわーい癒し音楽――私は本気でこう思っている。

おすすめの音楽 *Vol. 6*

♪17　モーツァルトの音楽の多義性の例として私が真っ先に思い出すのは、**ピアノ協奏曲第二五番**の第一楽章冒頭だ。数秒ごとに音楽の気分が変化する。このうえなく晴れやかで華々しいファンファーレの始まり。しかしもう次の瞬間にはうっすらと表情が曇り、優美なのだが言い知れぬ寂しさを押し隠したようなパッセージに移行し（木管）、やがて何か急に不安にとらわれて駆け出すようなヴァイオリンの音型が現れる。だがその先に開けるのは、先ほどにも増して力強い歓喜の爆発だ（全合奏《トゥッティ》）。ここまでわずか45秒！　金太郎飴のように音の調子が変化しない多くの癒し系音楽の、これは対極だ。これだけ複雑な音楽はざらにはない。

♪18　本文で触れた**カーゲル**の**弦楽四重奏第一番**は、冒頭数分をぜひ聞いてほしい。ガラスを擦るような響きが延々続く。カーゲルがポストモダン的パスティーシュ路線に転じるより前の作品だ。こんな気が狂いそうな音楽を聴いて癒されるということも、あっていい。

♪19　今日の癒し音楽ブームの原点として**『アダージョ・カラヤン』**と**『the most relaxing ～ feel』**は必聴だろう。金太郎飴みたいにずっと一定のサウンドが鳴り続けている様子は、ある意味で異様だ。ただし前者について言えば、高級ファッション誌の紙質を連想させるその響きの艶やかさは、好き嫌いは別として、驚嘆に値する。グレゴリオ聖歌の大ヒットのきっかけを作った**エニグマ**の**『サッドネス（永遠の謎）』**は、ロックのリズムに聖歌をコラージュしたユニークなアルバムである。

第七章　ＡＩはモーツァルトになれるのか？

「癒し」と並んで「ＡＩ」は、二一世紀的音楽現象を考えるとき外せないキーワードだ。しかも両者には、人間の能動的な努力とか集中力といった主体性を明け渡し、薬とか機械とかに感情営為をアウトソーシングするという点で、発想が共通している。ただしＡＩに作曲させるといっても、何かまったく新しいことが始まるわけではない。ある面でそれは、ヨーロッパ音楽に内在してきた合理主義的思考の延長線上にあるものにすぎない。つまり今さら騒ぐようなことでもないわけだ。そして何より、ＡＩに作曲（らしきこと）ができるということと、それに「傑作」が作れるかどうかということは、まったくの別問題だ。人類がこれまで手にしてきた名作に匹敵するものをＡＩが作るなど、少なくとも当分はありえない。ＡＩの影に過度におびえる必要はない。そんな時間があればむしろ、人間の音楽感性が鈍化して、ＡＩの作った音楽もどきと不滅の大傑作との区別がつかなくなってしまう事態を恐れるべきだろう。

AIは身体が苦手？

このところ「人工知能で……ができた」といった記事をよく見かける。当然ながら音楽もまた野心的なAI技術者たちのフロンティアだ。先日も「日本のある大学で特定の感情を引き起こす音楽を、人工知能で自動作曲するシステムが開発された」云々というニュースを読んだ。最近は頻繁にこの種の話題が新聞やテレビの「ちょっといい話」コーナーで取り上げられるし、ヴァーチャル・アイドルも当たり前になっているから、いちいち目くじらを立てるのも大人げないのかもしれない。それでも「音楽こそ人間性の最後のよりどころだ！」とかたく信じている私のような人間にとって、「特定の感情を引き起こす音楽」とやらを「自動的に作る」など、聞き捨てならない話ではある。のっけから反動宣言をさせてもらうなら、私にとって音楽は、人間が主体となって作るからこそ、音楽なのである。人間が主体ではないものは音楽ではないのだ。

いろいろなネット記事を読むに、AIの音楽への応用可能性は主として、演奏および作曲の二領域において模索されているようである。両者の問題点は同じなのだが、まずは自動演奏について考えてみよう。楽譜をコンピューターに打ち込んだら自動再生できるシミュレーション・ソフトについては、すでに今の段階でかなり開発が進んでいるのだと思う。ポップス系のものなら、遠からぬうちにたいがいのことができるようになるだろう。何十段もある複雑なオーケストラの総譜をコンピューターで音変換することは相当難しいだろうが、それでも近似値的なシミュレーションが可能になるのは時間の問題だと思う。まだ録音もないような曲のスコアをパソコンに打ち込んだだけで、およそのところを再生してくれるのだ。「だいたいこんなかんじね」とわかる。ありがたいことである。

ただし「シミュレーション」と「本物の音楽」とは同じではない。近似値的なシミュレーションができたからといって、本当にコンピューターが「音楽を」演奏したわけではなく、あくまで音楽のシミュレーションにすぎない。問題点はここだ。

コンピューターによる自動演奏の最大の弱点は、音の自然な抑揚がつけられず、調子はずれのオルガンのごとき——あるいはテクノポップのパロディーのような——「ブーブー」といった信号音のようになってしまう点にある。すなわち「身体性」こそＡＩが最も苦手とするところであり、逆に言えば、身体は音楽における人間性の最後の牙城の一つなのだ。生身の身体の息づかいや声音や節回し、あるいはテンポのたわみや臨機応変のタイミングといった、「そこに確かに生きた人間がいる」と感じさせてくれるもの——これをシミュレーションすることは、ＡＩ君には当座ほぼ不可能であろう。

このことの間接的な証左と言ってよいのが、「AIによる自動演奏」といった試みのほぼすべてが、キーボード（ピアノ）によるものである点だろう。ネット記事で紹介されているのは軒並み「ピアノ（キーボード）」であって、「尺八を自動演奏！」とか「ヴァイオリンを自動演奏！」といった試みはまったく見かけないのである（ボカロがあるじゃないかと言う人もいようが、あれは文字音声つきのキーボード的デジタル楽器の一種だと私は思っているので、ここでは言及しない）。

鍵盤楽器というのはそもそも構造からして、それ自体がスイッチのオン／オフで操作されるオルゴール（あるいはコクピットのパネル）のようなものである。あらゆる楽器の中で最も機械に近いそれだと言ってよい。だからこそ人は、このピアノ・マシーンがあたかもマシーンではなく、肉声で歌っているように聴かせるテクニックの開発に、一九世紀の昔から腐心してきた。たとえばショパンのノクターンなどその好例である。ピアノ・マシーンにあたかも肺がついていて、それが吐息をつくさまを、ピアニストに再現させようというのである。

対するにもっと身体に直結した楽器、たとえば管楽器（それは人間の気管と直結している）や弦楽器（これは腕の延長であり、ということは肺の延長だとも言える）では、上述のように自動演奏の実験はほとんどされていない。ここにマシーン・ミュージックの弱点のすべてが集約されている。それはオン／オフに落とし込めないもの、アナログなもの、つまり「身体」が苦手なのである。

ただし、速いテンポで無数の十六分音符を次々に処理していくようなメカニックな難曲（練習曲の類）は、間違いなく自動演奏の十八番のはずだ。ソラブジという二〇世紀の作曲家は、ほとんど演奏不能と思われる大量の音符を処理させるピアノ曲を多く残したことで知られるが、これらはＡＩで制御された自動演奏でばっちり再生できること間違いない。同じく大量の音符を猛スピードで弾かせるクセナキスのピアノ曲も、未来の機械の方がうまく演奏できるだろう。

当然ながらマシーン・ミュージックの類はマシーンの方がうまい。逆に言えばそれは、ＡＩの弱点はスローで歌心に満ちた曲、つまり「身体性」が全面に出てくる曲でこそ露呈するということでもある。ショパンのノクターンは自動演奏にとって最難関曲となろう。人間の身体をシミュレーションするのは困難を極めるのだ。

ちなみに以前、クセナキスを得意とするあるピアニストに、「ここまで大量の音符があると、機械の方がいずれうまく演奏できるようになるんじゃないか？」と失礼な質問をしたところ、「こんな曲ですら、たとえミスタッチが不可避的に出るにせよ、生身の人間の身体による絶えざる微調整を必要としていて、だからこそ音楽なのだ」という、まことに当を得た答えが返ってきた。〈♪20〉

AIはシミュレーションを超えられない？

では次にAI自動演奏の第二の弱点として、「そっくりさんを超えられるか？」という点を検討しよう。単なるシミュレーションを超えて、人間が考える「音楽」に至ることができるのかどうか、ということである。

おそらく技術者たちは日夜、信号音のような一本調子を避けるべく、抑揚や陰影をつけた自動演奏の開拓に取り組んでいることだろう。私ならまず、読み取らせた楽譜から「メロディー」と「伴奏」を識別する（そしてどこからどこまでが一つのフレーズか見極める）機能の開発から始める。そしてメロディーはやや大きく、伴奏はやや小さく演奏させる。またメロディーは一番高い「聴かせどころ」の音をやや長めにとるようにする。「聴かせどころ」へ向けて少しずつクレシェンド（だんだん強く）し、その後は潮が引くようにディミヌエンド（だんだん弱く）する機能も考えるかもしれぬ。要するに人が漠然と「音楽的だ」と考えているポイントを指標化するわけだ。

しかしながら、こうした「自然な人間の抑揚のモノマネ（シミュレーション＝そっくりさん）」ですら、簡単なことではない。メロディーはいつも伴奏より大きく、そして聴かせどころへ向けていつもクレシェンドし、少し長めに最高音に停留した後はいつもディミヌエンドして……。いつもワンパターンにこんな抑揚をつけられてもバカらしいだけだろう。実際の音楽家は、「予想に反して」わざとメロディーを小さくしたり、通常クレシェンドすると予測されるところで何もしなかったり、聴かせどころをわざと「すかしてみる」といった細工を無数にしているわけで、まさにそれこそがシミュレーションと本物の音楽との違いなのである。

人間の知覚というのは不思議なもので、パターンだけでできていると逆にリアル感がなくなる。電話相談窓口でマニュアル棒読みのごとき対応をされても一向に要領を得ないことと、これは少し似ている。というのも、「パターン」とはつるんとした平準値であり、しかし現実世界は常にデコボコからできており、「平準値そのままのリアル」など実はどこにも存在していないのだから。つまりリアルに見せるためには、無数のノイズや逸脱やランダムネスが要るのである。「ならば乱数表や確率論を使って」云々という話になるのかもしれないが、それが単なるデタラメと感じられないようにすることが、自動演奏にはたしてできるのかどうか。

平準的パターンをどれだけ集めても決してリアルにならないのだとすると、今度は特定の演奏家にターゲットを絞り、徹底的にそのクセ＝逸脱を解析するというのはどうだろう？　たとえば過去の大ピアニストのタイミングの取り方やアクセントのつけ方、テンポの揺らし方やペダリングなどについて、さまざまな指標を設けて大量のデータをとり、それでもって「彼」が録音を残さなかった曲を演奏させるのである。「ホロヴィッツにショパンのバラード二番を弾かせてみた」という具合だ（ホロヴィッツはこの作品を録音していない）。

ショパンならばホロヴィッツには大量に他の曲の録音が残っているから、それらしいモノマネができる可能性はかなりある。スタイルが同じものについての大量のデータがあれば、ある程度のシミュレーションは可能だろう。さらに一歩進んで、「一九五〇年代のハードバップ時代のマイルス・デイヴィスとリアルタイムで共演！」などという実験も、いずれ行われるかもしれない。この時代のマイルスが残した演奏データを大量に記憶させ、リアルタイムで同スタイルによるさまざまなパターンを自動生成させて、生身のミュージシャンたちがそれと共演するのだ。「ＡＩによる即興演奏」は相当難しいだろうが、どんなことになるのか興味は湧く。

とはいえ、特定の演奏家のクセにどれほど精通したところで、事態の本質がまったく変わらないことは言うまでもあるまい。「そっくりさん」——イチローのバッティング・フォームの「なんちゃってモノマネ君」の類——はどこまで行ってもそっくりさんのままなのだ。「ホロヴィッツっぽい手癖がところどころに入った演奏」とか「あの時代のマイルスっぽい節回しが入っている自動生成メロディー」を超えた何かを、はたしてＡＩは達成できるのか、はなはだ心もとない。

もちろんどんな偉大な演奏家にも「手癖」というものはある。聴いてすぐ「あ、誰々だ」とわかるパターンがある。だからこそＡＩにある程度のシミュレーションができる可能性は高い。だが何より大事なのは、彼らが常に「予想もできないことをしてみせる」という点だ。「あれ？　そうくるか……」という意外性。そして、それにもかかわらず、「なるほどね、やっぱり彼だね」と確信させてくれるアイデンティティーの強さ。この「意外性と納得の弁証法」をシミュレーションするのは難しい。

イチローは、人々がすぐに連想するようなフォームでいつも打つわけではない。「イチロー」と聞いて人が思い浮かべるのは、彼のフォームの平準値だ。実際はいつも標準フォームだけで打っているわけではない。とんでもない球を思いもかけないフォームでヒットにしてしまうこともあろう。そしてそれは予想もつかなかったフォームなのだが、それでもそれを見せられれば誰もが「やっぱりさすが彼だ」と納得するフォームでもあるのだ。偉大な演奏家がやってのけるのもこれである。

ＡＩは気が利かない？

ここからＡＩ自動演奏の第三の弱点を推測することができる。それは「臨機応変対応が苦手」ということだ。名手というものは、必要とあらば、いつでもパターン破りをする。悪手を使うことだってある。しかし決してそれはデタラメにならない。なぜか？　それは彼らに「やりたいこと」があるからだ。「ここはこう、あそこはあのように」といった細々した数値的細部ではない。また将棋やチェスのような「キングを取ったら勝ち」といった、単純な「目標」でもない。それはむしろ全体イメージのようなものだ。「イメージ」を抱くことができるか否か――これはマシーンと人間を区別する重要なポイントである。

　この曲を思いきりイケイケでやるか。イケイケに見せかけつつはぐらかすか。それとも焦《じ》らし戦法でいくか。どんな音楽家も事前イメージをもっているだろう。しかしながら計画通りにことが運ぶことはまずない。計画実施にあたっては、必ず不確定要素が伴う。必然的に偶然が入ってくる。「こんなはずじゃなかった……」が生じる。にもかかわらず事前計画の細部になおこだわり、何が何でも図面通りにやろうとする人は、ほぼ確実に失敗する。計画通りのイメージを実際にやりとげるためにこそ、必ず事前計画は変更する必要が出てくる。

「細かいことはどうでもいいから、大きく見たときにだいたいこんなかんじ」――イメージというものがもつこのアバウトさこそ、人間に固有の能力だ。人間しかアバウトになれないというのは、不思議なことである。いい塩梅を感じる能力。いい加減に全体調整する能力。おそらくマシーンは「いい加減に」ことを運ぶことができないのであり、これこそが――人間でもそういう人は多いとはいえ――彼らの決定的な欠陥ではないのか？

そもそも音楽は対人的かつ一回的なコミュニケーションである。聴き手の心理という不確定要素を常に函数《かんすう》として意識しておかねばならない。後戻り不能の時間の中でのアクシデントも覚悟しなければいけない。たとえば「徹底的にイケイケノリでやる」と決めたのはいいが、演奏をスタートさせてみると、聴き手の注意力がどうにも散漫だといったことも起こるだろう。そのときに力任せにイケイケでやり続けるとしらける。空気を読んで、一度クールダウンする必要が出てくる。臨機応変に気配を感じ取り、微調整する必要がある。それこそＡＩではなく「人間」の腕の見せどころだ。

「いや、それだって近い将来、ＡＩによって可能になる！」と技術者は言うかもしれない。そういえば先日も、「居酒屋などで客の気配をＡＩで読み取り、店員が臨機応変に注文を取りに行ったりする実験がある大学で行われている」という記事を読んだ。しかし肝心なことは、偉大な芸術家にあっては何よりまず「自分はこうやりたい」があって、そこから個々の箇所の微調整が自ずと演繹されてくるという点だろう。やりたいイメージがまずあるからこそ、それを達成するための次善のアイデアというものも湧いてくるのだ。だが「全体像」に基づくＴＰＯに応じたプログラム変更は、ＡＩが最も苦手とするところではないだろうか。

ちなみに友人のあるピアニストが面白いことを言っていた。本番直前まで練習し続けるとロクなことにならないというのである。隅から隅まで思い通り完璧に弾けるようにして本番に臨むとする。しかし本番では必ず予測せざることが起きる。そもそも客が入っただけでホールの残響は変わってくる。どんな服を着た客（分厚い服だと音が吸収されて残響が少なくなる）が、どれくらい来るか、そして残響がどんな具合になるか――本番になるまで絶対わからない。ところが隅々まで厳格に組み立てすぎると、こういう予測不能性に対処できず、小さなアクシデントが必ず大火事になってしまうというのだ。

以上をまとめるならば、私の推測するＡＩ自動演奏の弱点は、次の三つとなる。まず第一に「オン／オフに落とし込めないものは苦手」（＝身体は苦手）、第二に「どこまで行ってもそっくりさん」（＝シミュレーションしかできない）、第三にクリエイティヴな臨機応変の「じゃあこうしてみよう」ができない（＝気が利かない）、である。言うまでもなくこれらを逆にするなら、それこそが「人間」固有の能力だということになる。

自動作曲とフォト・アプリ

では次に「ＡＩによる作曲」の問題点を考えてみる。演奏＝再生に比べて作曲＝創造はさらに難しく、ほぼ不可能だというのが私の考えだが、まず自動作曲として一般にどういうものが想定されているらしいか、少しまとめておきたい。おそらく多くの人が「ＡＩによる自動作曲」としてイメージしているのは、いわゆるフォトアルバム用アプリの音楽版であると思われる。話を簡単にするために、ここではモーツァルトではなく、ポップスのフォト・アプリ的自動作曲を想定してみよう（実際モーツァルトのシミュレーションはポップスのそれに比べてはるかに難しいはずだ。というのもクラシックは一般にポップスと比べて恐ろしく構成が複雑で長いからである）。

今日よく用いられているAmper Musicという作曲アプリを参考にしつつ、近未来に可能になるだろう機能をあれこれ想像で補ってみるに、未来の自動作曲の手順は次のようになる。まず「お客さん」は自分が作曲したい曲のジャンルと長さと編成を指定する。「ボサノバ風（誰々風、たとえばビートルズ風、でもいいかもしれない）」「五分くらい」「ギターとベースとドラムとキーボード」というわけだ。そして次は「なりたい気分」の選択。これについては本書で何度も批判した癒し系音楽と発想がまったく同じである。音楽はそれがかきたてる感情ラベルの記号に従って分類されるのだ。まあ文句は言わず、ここでは「癒し系」と入れておこうか。

こうやれば然るべきテンポとリズム・パターンとコード進行（和音進行）について、コンピューターがいくつか提案してくれるので、そこから選ぶだけだ。あとはカップ麵よろしく五分待っていれば曲が自動的にできる。膨大な既成の名曲についてのデータの中から、この指定に合うような曲のパターンが瞬く間に抽出され、そこに使う側のこれまでの「お気に入り履歴」なども加味しつつ、ただし過去の名曲のコピペにならぬよう、適度に乱数でも利用して変化をつけ、しかし音楽理論的な逸脱は起きないよう、たとえばコードから過度に外れた音は入らぬようコントロールして等々、すべて勝手に機械がしてくれる。「Especially for you !! あなただけのあなた好みのビートルズ風の新曲の出来上がり！」

冗談めかした揶揄調で書いたが、ありていにいって私は、「ビートルズもどきを機械に作ってもらって嬉しい人がいるんだろうか？」と思ってしまう。つまり自動作曲の可能性を云々する以前に、こういうものを求める人間自身へと、つまり倫理の次元へと、問いは投げ返されていると思うのだ。すなわちビートルズによる、あるいはモーツァルトによる数多の珠玉の名作があるにもかかわらず、なぜ新たにそれらの下手くそな自動パッチワークのようなものを聴きたいと思うのかということだ。〈♪21〉

そもそもこういう発想の背後には「かけがえのなさ」という意識が完全に欠落している。このことが私を苛立たせる。つまり過去の一回性へのリスペクトを決定的に欠いている。「あのような曲はあのとき、あそこで、あの人にしか作れなかった、だからこそ名曲なのだ」という感覚が、ここにはない。こういうものを欲しがるのは商品カタログを前にした消費者と同じではあるまいか。

「あ、このブローチいい！　でも高い〜！　ここの色ガラスは赤より緑がいい〜！　ここの金縁のカーブはもうちょっと高くしてちょーだい〜！」――「おいおい、それはマリー・アントワネットが晩年に肌身離さず身に着けていたもんだぞ！　だいたいそんなふうに変えちゃったらバランスが狂って単なる悪趣味になるだけだろうが！」とオジサンのお説教。こんなブラックジョークが頭をよぎる。

コンテンポラリー・アートの世界で二〇世紀末くらいから流行っている、シミュレーショニズムという「スタイル」がある。マイク・ビドロが典型だが、レンブラントの名作そっくりのものを描いて、サインだけしないといった試みである。美術史の過去のスタイル、過去の名作とそっくりのものを次々に描くのだ。「バロック風」「マーラー風」「ジャズ風」など、これまた過去のさまざまなスタイルのパスティーシュだけでできている、すぎやまこういちとか佐村河内某のゲーム音楽なども同根だろう。

「あれがあるからもういいじゃないか、何かこれまでなかったものを創ろう」ではなくて、「あんなのがもっと欲しい！」という欲望に応える。現物のパロディーとしてのコピーを欲しがっているのではない。パロディーは引用主体と引用対象の間の距離をきちんと自覚している。対象の非反復性を心得ている。だから対象をあえて――「本当はこれと同じものはもう作れないいんだけどね」とばかりに――アイロニーで歪めてみせる。アイロニーは欲望のリミットを知っている。

それに対してパスティーシュは対象のクローンを無限に作りたがる。いいなと思うものがあれば、似たようなものをもっともっと欲しくなる。「直線的で一回的で反復不能の歴史」という意識は、巨大な商品カタログの中に呑み込まれてしまったのだと痛感する。アプリによる自動作曲という発想もクローン・ブームも佐村河内事件（ゲーム音楽等で大ヒットを飛ばしていた同氏が、実はゴーストライターにすべて作曲させていたことが発覚してスキャンダルになった事件）も、すべて根っこにあるものは同じなのだろう。

自動作曲は人間がしてきたことの延長だ

「自動化」があたかも無条件に人類の進歩であり、絶対善であるかのように歓迎する無邪気さにはたいがいげんなりするが、しかし自分が時代についていきかねることをただ嘆くだけでは埒《らち》があくまい。ここではまず、ＡＩによる「コピペ自動作曲」という発想のルーツにつき、冷静に一つのことを確認しておこう。それはつまり、こうした事態はそもそも昨日今日に始まったものではなく、西洋的な音楽の考え方自体の中にもともと、この種の自動コピーへの強い欲望が隠されていて、二一世紀に至りそれがあられもないむき出しの形で露出してきた（だけ）にすぎないということだ。

「ＡＩによる自動作曲」とは実は、すでに人が至るところでやってきたことの延長なのである。だから、単に「昔はよかった／今はよくない」式の話にしてしまうのでは、正当な時代批判にはならない。必要なのは、「ある意味で昔からこうだったのだ」という事実を、まず直視することである。社会学者のマックス・ウェーバーが『音楽社会学』で指摘したよう、西洋音楽の千年の歴史を貫く特質の一つは「合理化」である。そもそも「音楽」というきわめて身体的でアナログな現象を、五線譜という一種の方眼紙に記譜するという発想自体が、すでにきわめて機械論的かつデジタル的なのだ。

たとえば五線譜の真ん中の線の上に全音符が書かれているとする。ト音記号であればこれはシの音を四拍分鳴らす指示だ。本当は「あ〜〜〜……！」とでも記すほかないような吐息だったかもしれないものが、そこでは「ブーーー（1・2・3・4）」と表示される。「小節の頭でオン、四拍のばして、小節の終わりでオフ」に変換されてしまう。このように五線譜に書ける（五線譜で考える）西洋音楽は、そもそもの成り立ちと記譜原理からして、AI式のオン／オフに落とし込みやすいのだ。逆に言えば、五線譜に記すことが難しいアナログ的身体的な音楽は、それと原理的に相性が悪いということにもなる。既述のように、人工知能によって尺八の音楽をシミュレーションすることは、ほとんど不可能だろう。

またヨーロッパにおける作曲行為には伝統的に、「パターン抽出（ないし設定）ならびに順列組み合わせの可能性探究の歴史」だったという側面があって、ある意味で人工知能による作曲はこの伝統の延長なのだということも指摘しておきたい。五線譜音楽における「パターン抽出（ないし設定）」と「順列組み合わせ」の例をいくつか挙げよう。

たとえばベートーヴェンのソナタ形式における動機の展開のやり方。「ソーミ♭」という長三度の音程とタ・タ・タ・ターンというリズムを組み合わせれば、《運命》の交響曲の冒頭動機になる。これをリズムはそのままに、音程を二度にしたり四度にしたり短三度にしたりする。または音程はそのままにして、リズムだけを変えていく。こうやって《運命》交響曲の第一楽章の大伽藍は築きあげられていく。これはまさに順列組み合わせの世界そのものだ。西洋の伝統的な音楽にそもそもこういう傾向があるからこそエンジニアたちは、本能的に、「これならＡＩで順列の可能性を網羅すればなんとかなるんじゃないか」と思うのだろう。

あるいはパリ音楽院の教授法には、メロディーだけを生徒に与え、それに指定の作曲家（たとえば「ラヴェル風」とか「シューマン風」とか「ドビュッシー風」など）のスタイルによってハーモニーをつけさせるという作曲練習があるが、これも同様の発想である。それぞれの作曲家に特徴的なハーモニーのパターンをあらかじめ抽出しておいて、それらを臨機応変に応用できる能力を育てるのだ。私が先ほど想像してみたフォト・アプリ的自動作曲は、もう目の前である。

ポピュラー音楽の世界でもこういうことは多い。一九九〇年代に一世を風靡したヒットメーカー小室哲哉には、「アメリカで流行っているナンバーからリズムや歌いまわしのパターンを取り出して、そのつぎはぎで曲を作っているだけだ」という批判がつきまとっていたと記憶するが、こうした「売れ線パターン」の合成による作曲は、ポピュラー音楽では昔から行われてきたことである。いわゆる「胸キュンコード」（人々に受ける、人々が胸をときめかせるコード進行をこう呼ぶ）を皆が一斉に使い始めるといったケースがそれだ。いくつか指標を決めて大量のデータを解析させれば、ＡＩにも似たようなことができるはずだという発想が出てくるのも、決して不思議ではない。

自動作曲によって失業する人、しない人

人工知能に作曲らしきことができるのは、別に驚くようなことではない。とりわけパターン抽出と順列組み合わせの可能性の網羅という点で、それは大いに作曲家の時間節約の役に立ってくれるはずである。十二音技法の作曲家シェーンベルクは、次の作品で使用するための音列のメモを前もって作ることがあった。オクターヴの中の十二の音の出てくる順番について、ありとあらゆる可能な順列パターンをあらかじめ列挙しておいて、それを使って曲を作るのである。恐ろしく複雑なことで有名な彼の《管弦楽のための変奏曲》についてシェーンベルクは、音列を片っ端から書き出したカードを手元に置いて作曲したそうだが、「カードをなくしたら

作曲できなかった」と言っていたらしい。ＡＩによるシミュレーションは、こうした手間を大いに省いてくれるだろう。

しかしＡＩを有効にツールとして使えるためには、主体性はあくまで作曲家自身になくてはなるまい。それはつまり、「ＡＩにおまかせ」にはしない、全自動化はしないということだ。単に売れ線のコード進行に売れ線のリズム・パターンをつぎはぎして、次から次へダンス・ミュージックなどを作ってきた職業作曲家たちが、これまではいた（今でもいる）だろう。別に批判しているわけではない。そもそもダンス・ミュージックやＢＧＭの類は、誰もそれに注意して耳を傾けたりはしないから、それはそれで構わないのだ。しかし少なくとも確実に言えるのは、ＡＩによる自動作曲が進化すれば、パターンの寄せ集めだけで曲を作ってきた「主体性がない」人たちは、真っ先に失職するということだ。マニュアル対応しかできないマクドナルド的店員ならＡＩで代用可能であるのと、これは同じだ。

マニュアル対応を絶対にしない――まさにこれこそが偉大な音楽家たちの共通点である。大芸術家はパターンから入ってパターンを破る。だからこそ彼らは大芸術家なのだ。パターンのやり繰りでもって、それなりにクオリティのある仕事をしていく人は多い。しかし彼らは「大芸術家」ではない。

しかるに、漫然とパターン反復をしないからこそモーツァルトは、ベートーヴェンは、マイルス・デイヴィスは、ビートルズは、他を圧する存在であり続けてきた。彼らが一度でも「似たり寄ったり」のことをやったか？　彼らは他人のパターンはおろか、自分自身の過去すらコピーしなかった。常に変わり続けた。そして反復をしない人のシミュレーションをするというのは、それ自体が原理的に矛盾である。「ＡＩは絶対に偉大な芸術家にはなれない」と私が確信する最大の理由は、これである。

表現とはパターン破りだ

ここでモーツァルトの印象的なエピソードを一つ紹介しよう。第六章で引用したのと同じ、一七七八年七月三日づけでパリから父親に宛てた手紙の一節である。ここで彼は、自分の交響曲がパリで大成功をおさめた様子を、次のように描写している。

当地では最後のアレグロはすべて、第一楽章と同様に、全楽器で同時にしかもたいていはユニゾンで始めると聞いていたので、ぼくは二部のヴァイオリンだけの弱奏で八小節だけ続けました。

そのあとすぐ強奏が来ます。

すると聴衆は（ぼくの期待した通り）弱奏のところで「シーッ！」。
つづいてすぐに強奏。
それを聴くのと拍手が鳴るのと同時でした。

フォルテがくるだろうとみんなが思っているところをわざと弱音で開始し、直後にいきなりフォルテをもってくる——そして拍手喝采《かっさい》の嵐。なんという感動的な場面だろう。

「ご機嫌いかがですか？／はい、悪くないです。あなたはどうですか？」——これは語学学習用の教科書会話だ。こういうステレオタイプな会話文ばかりをペラペラと英語でまくしたてる人がいるが、そこには何のコミュニケーションもない。「ご機嫌いかがですか？／悪くはないですけど、それよりあなた、あの浮いた話はその後どうなったんですか？」——こうした突っ込みとか余計な一言を入れて初めて、そこには「意味」が生じる。会話が生き生きした「今、ここ」になる。「表現」はパターンから逸脱する瞬間に生まれる。

「表現＝自分がどうしても言いたいこと」とは、「どうやってもパターンで完全には割り切れないもの＝自分だけのもの」だ。だから表現は必然的に逸脱の形をとる。しかし「いいね」記号はどこまで行っても記号のまま。表現にはならない。

しかし周知のとおり、逸脱には常に「浮く」リスクが伴う。だから多くの人は自己表現をためらう。こちらは表現しているつもりなのに、相手の予測からずれる。わかってもらえない。コミュニケーションにならない。パターンやルールや因習を破りつつ、相手に「あ、なるほど……これもありか」と得心させる——これは難しい。しかし偉大な芸術家とはまさに、これをやってのける人のことである。「表現」を然るべき「コミュニケーション」へと回収できる人と言えばいいだろうか。

彼らはいつでもどこでもパターンを破りさえすればそれでいいと思っているわけではない。これでは単なるアナーキーな独善だ。だからこそ偉大な芸術家は、いったいどのタイミングで、どのようにパターン破りをするか、そしてパターンの軌道を外れた音楽をどうやって元のコースへ収束させるかに、全神経を集中させる。

たとえばモーツァルトは、パターン破りを楽章ののっけにもってきて（「二部のヴァイオリンだけの弱奏」を八小節）、そして次の瞬間にパターンに戻ってみせた（「そのあとすぐ強奏が来ます」）。きっと彼は、この作戦がうまく聴衆に伝わるかどうか、固唾を飲んで聴いていたはずだ。そしてそれは成功した。「つづいてすぐに強奏。／それを聴くのと拍手が鳴るのと同時でした」——モーツァルトの意図が見事に聴衆に理解された瞬間、コミュニケーションが成立した瞬間である。〈♪22〉

「じゃあこうしよう」――人間にしかできないこと

このモーツァルトのエピソードは、人間にしかできないコミュニケーションが何か、雄弁に教えてくれる。まず第一に、「意図的な逸脱」と「パターンへの回帰」の絶妙のバランス。逸脱がただの独善や事故にならない。逸脱は必ず回収されてコミュニケーションが成立する。「なるほど、こうやりたかったから、あのようにしたわけね」と直感的にわかる。

そして第二に、その前提として、そもそも「やりたいこと」があるということ。逸脱が独善にならないためには、まず初めに「いったいそれによって何がしたいのか」がないといけない。全体イメージである。無目的な逸脱はただの独りよがりだ。だからこそ大芸術家たちは、「逸脱」が「意図」としてきちんと相手に伝わるタイミングを、全神経を集中して見極める。

そしてここから、人間的な芸術コミュニケーションのための第三の条件が出てくる。つまり逸脱を再びパターンへと回収する、当意即妙の「わざ」である。モーツァルトの例で言えば、「八小節（の弱奏）」というこの長さが、きっと絶妙なのだ。「あれ？　いつもと違う……」と一瞬聴き手に思わせつつ、彼らがわけがわからなくなってしまう寸前で、種明かしよろしく、彼らが期待していたフォルテに戻す、その勘のよさがポイントなのである。想定される聴き手の気配を過たず察知する本能のようなものだ。

せっかくなので、マイルス・デイヴィスにまつわる似たエピソードも、ここで紹介しておこう。彼のグループで長らくピアニストをつとめた、ハービー・ハンコックの自伝に出てくる逸話である。ストックホルムでのライブでのこと。アップテンポのイントロが始まった。ドラムとベースは信じがたいスピード感で疾走し、それは完璧な出来栄えだった。いわく「音楽が自然にあふれ出し、観客の心をとりこにしていた。すべてが魔法のようだった」(DU BOOKS『ハービー・ハンコック自伝』より。以下同)。ところがマイルスのトランペットがいざ即興の羽をはばたかせようと一呼吸入れた瞬間、あろうことかハービーは間違った和音を弾いてしまった。「私はとっさに『あっ、しまった』と思った。みんなで築いてきた素晴らしい音の楼閣を私が壊してしまったのだ」。ところがマイルスは、顔面蒼白になっている彼を尻目に、「一瞬、間をおき、奇跡的にも私の弾いたコードが正しかったと思わせる音を吹いた。その瞬間、驚きのあまり私の口はあんぐりと開いてしまった。いったいどんな魔力が働いたのだろう?〔中略〕彼は確かに私が誤って弾いたコードを正しいものに変えたのだ」。

ここでも右に引いたモーツァルトのエピソードと同じ弁証法が働いている。つまり最初にまず、「こうなるだろう」とか「こうすることになっている」といった事前の予測なり所与がある。ところが必ず物事は思った通りにはならない。名手ハービー・ハンコックでもよりによっ

て肝心のところで音を外すことはある。あるいはモーツァルトの場合、あえて自分からアクシデントを持ち込んだと言える。冒頭を慣習的なフォルテではなくピアノで始めたのだ。しかし名手は必ずや「アクシデント」や「攪乱《かくらん》」を回収し、然るべき着地点へともっていく。そこに息をのむ奇跡が生まれる。これこそ音楽体験の最高の歓びだ。

「事前予測↓攪乱↓回収」――モーツァルトのエピソードとマイルスのそれに共通するのはこれだ。それを私は――本章の最初の方では「意外性と納得の弁証法」と言ったが――「じゃあこうしようの弁証法」と呼んでみたい。「たぶんこうなりそうだ」とか「ここでは（パリでは）こうすることになっている」といった事前の予想。しかし偉大な芸術家は予定調和を拒否する。ときとしてあえて攪乱させる（モーツァルト）。自分が予測しないアクシデントも大歓迎だ（マイルス）。まさにアクシデント――事前予測からのズレ――こそが偉大な芸術家の腕の見せどころなのだから。そしてその偉大さは何よりまず、アクシデントの後の「じゃあこうしよう」の機知によって測られる。

ちなみに自伝の中でハービー・ハンコックは、マイルスがハービーのミスをミスとは思わず、むしろ自分への挑戦と受け止めたのではないかと推測している。大いにありそうなことだ。しかしアクシデントであれ挑発であれ、彼にとってあまり違いはなかったのだと私は思う。マイルスが自分のグループのメンバーに対して常々、「パターン化」を厳しく禁じていたことはあまりに有名である。もう手に入っている無難な表現パターンでお茶を濁さないよう、瞬間ごとに何か新しいこと、今までやったことがないことをするよう、彼は常にメンバーに厳命していた（それができないミュージシャンは絶対にマイルス・バンドに入れなかった）。そもそもマイルス自身が、成功を収めた過去の自分のスタイルの焼き直しを断固拒否し、まさに「昔の自分」の破壊こそを創造エンジンとし続けた人なのだ。〈♪23〉

偉大な芸術家は絶対に自分のコピーをしない――これをどれだけ強調してもしすぎではない。バッハの《平均律クラヴィーア曲集》に「似たり寄ったり」の曲など一つもない。四十八曲のすべてが違う。モーツァルトのオペラやピアノ協奏曲、ベートーヴェンのピアノ・ソナタや交響曲、マイルスやコルトレーンやビル・エヴァンスやビートルズ、すべてそうだ。だからこそ「モーツァルトみたいな曲が作れる」などという発想自体が、そもそもその根本からして間違っている。モーツァルトはその都度それまでの自分とは違う曲を書き続けたからこそ、モーツァルトなのである。そしてマイルスは自分のスタイルを壊し続けたからこそマイルスたりえた。万一モーツァルトみたいな曲をＡＩで作れたとしても、それはまさに「モーツァルトみたいだ」という理由において、モーツァルトではない。不思議な逆説である。

狂った人工知能が「音楽」を創ればどうなる？

もしＡＩが単なる作曲の補助手段としてではなく、あるいは単なる「そっくりさん」でもなく、人間と張り合うような芸術創造に関わることがいつかできるとするなら、その可能性は二つだと私は考えている。まず一つは、いわゆる「ディープラーニングの黒魔術」によって、ＡＩがまったく人間の想像力もコントロールも及ばないような奇天烈で破壊的な「音楽」を、勝手に作り始める可能性である。

ＡＩにビッグデータを機械学習させていくとやがて、合理的にはまったく説明がつかないこと、人間にもはやコントロールできないようなことを始めたりするらしい。それが「黒魔術」だ。一種のダダイズムとして、私はこれにとても好奇心が湧く。キューブリックの偉大な未来映画『二〇〇一年宇宙の旅』の「主人公」とも言うべきコンピューターＨＡＬ――人間の感情を読み取り自らも感情的に行動するようになって、人間たちを破滅へと誘導していくコンピューター――のような、人間によってもはや制御できない音楽生成装置が生まれるとすれば、それはどのような「音楽」を奏でるのだろうと思ってしまうのだ。

「ビートルズみたいな曲をＡＩに作らせた」といった「モノマネ君」よりはるかにクリエイ

ティヴな自動作曲の例を、ここで紹介しておこう。クラレンス・バルローというドイツの前衛作曲家が、自動ピアノ（コンピューターに接続されていて、その指示通りに音を自動的に弾いていく）のために書いた、《機械ピアノのための変奏曲 Variazioni e un pianoforte meccanico》（一九八六年：YouTubeで聴ける）という作品である。

ここではまず、ベートーヴェンの最後のピアノ・ソナタ第三二番の終楽章のテーマが、コンピューター制御される機械ピアノによって自動演奏される。その後コンピューターは、このテーマのいろいろな要素（旋律を構成する音程、リズム、ハーモニーの進行）などを勝手に解析し、一定の条件下（たとえば「四分の四拍子」など）でランダムにそれらを再合成していきながら、曲が進行する。

やがてハチャメチャで意味不明でとっちらかったびっくり箱のような「音楽」が次々に飛び出してくる。しかも最初のうちはある程度「普通に」変奏されているのが、徐々に無秩序になっていくあたりが怖い。狂い始めたコンピューターに支配された人間世界はかくやと思わせる。私にとってこれはとてもエキサイティングな「音楽」だ。ダダイズム的ディストピアの思考実験として、「もういっそやけっぱちでＡＩの暴走をヴァーチャルに楽しんでしまえ！」という気になってくる。〈♪24〉

ビートルズにAIが勝つ⁉

　AIが音楽の領域で人間と創造的に張り合うとして、もう一つの可能性は「モーツァルトに勝つ」ことである。「モーツァルトみたいな曲を書く」ことが原理的にありえないことについては、すでに長々と述べた。しかし「勝つ」なら、蓋然性はきわめて小さいにせよ、理論的にはありうる。具体的に説明しよう。「勝つ」とはつまり、モーツァルトの任意の曲の冒頭四小節をAIに与え、AIに主題の続きを作らせてみるのである。

　いや、モーツァルトの作品は人がふつう思っているよりもはるかに複雑だから、もっとシンプルなもの、たとえばビートルズの《ヘイ・ジュード》にしてみようか。AIに最初のワンフレーズ、「Hey Jude」の「ラーファ♯」という三度下降だけを「お題」として与え、その続きを考えさせるのだ。AI君に手加減してあげるべく、コード進行は原曲と同じものを与える。それでもこれは実に難しい課題だ。二小節目にかけての「Don't make it bad」のところすら、マッカートニーをしのぐようなアイデアをもってくることが、はたしてAIにできるかどうか。だが「AIが勝つ」とはまさにこのことなのである。聴き比べた人のほぼ全員が、「マッカートニーよりAIが作ったメロディーの方がもっと心に染みるじゃないか……」と思ったとき、

ＡＩは人間に勝つのだ。

もちろん未来のＡＩ君は、音楽理論的に可能なありとあらゆる音型を網羅し、古今東西の名曲から似たような始まり方をする作品をひっぱってきて、さらにそれらに対する人間の心理的反応もビッグデータにぶち込み、「最適」と考えるものをひっぱり出してくるであろう。だがかくも自然にフレーズを継いでいくことがはたして可能かどうか。二小節目前半まで考えることですら難しかろうに、そこからさらにメロディーを紡いで、「Take a sad song and make it better」と四小節目で着地できるのか。そしてその続きは？　ＡＩが「勝つ」可能性はどんどんしぼんでいく。

なぜＡＩが「勝つ」ことは絶望的と見えるのか。そこには本章の冒頭でも触れたところの「身体」の問題が深く関わっている。まず一小節目後半から二小節目にかけての「Don't make it bad」を他にどうする可能性があるか考えてみよう。たとえば一小節目前半の同じ三度下降のモチーフの「ラーファ♯」を、次はコードを変えて「ソーミ」と反復してみるか。いかにもＡＩがやりそうなパターン反復だ。「ラーファ♯ ↓ ソーミ」――理屈は合っている。でも何かがヘンだ。お話にならない。たぶんあまりにも予測がつきすぎるからだろう。単調すぎる。聴き手は「次はどうなるんだろう？」とわくわくしているのに、肩透かしを食わされる。

それでは次に「パターンの反復」ではない続け方を考えてみる。一小節目後半から二小節目にかけてを「ソーミーシード♯」とすればどうだろう？　コードには合っているから理論的には正しい。しかしどうにもドタバタしている。こなれていない。「いいお天気ですね」と声をかけたのに「この車は赤い」と返事をされたような唐突さが、心の肌をちくっと刺す。いわば人の生理に何かなじまない。具体的に言うなら、最初の「ラーファ♯」のモチーフとつながりがなさすぎ、また音域もいきなり広くなって、身体がびっくりする。

こうやってみると、原曲の「ラーファ♯　ファ♯ーラーシーミ」という続け方が、いかに人の心身にしっくりとなじむかが、あらためてわかるはずだ。完璧に自然なのである。具体的にはまず、冒頭で使ったのと同じ「ファ♯ーラ」でもって次のフレーズを始めることで、いきなり違うものをもってきて、聴き手の身体がビクッとしたりしない配慮がされている。ただし音の方向は逆（下降から上行）になっているから、何か新しいことが始まるという期待感も同時に生まれる。そしてその次に「シーミ」とくる、つまり一小節目が使った「ラーファ♯」の音域が、一音ずつ上と下とへ優しく押し開かれる。新しい風景が開け始める。メロディーが身体にそっと触れてきて、徐々に触れ合っている部分の体温が高まり、その面積が心地よく広がっていく感覚だ。

このメロディーで何より私が驚嘆するのは、絶えず聴き手の身体の気配に寄り添いながらメロディーを紡いでいく、そのさりげない気遣いである。その様子はまるで年季の入った指圧師のようなのだ。人肌になじむ。呼吸感にぴったり寄り添う。旋律の流れや気配をいたわる。これをシミュレーションすることはまず不可能だ。〈♪22〉

人間の知能がＡＩ並みになることの方を心配すべし

そろそろＡＩ作曲についての私なりの考えを整理してみたい。モーツァルトやマイルスについて述べた「じゃあこうしてみよう」の弁証法、そして《ヘイ・ジュード》を例に説明した「身体に寄り添う思い遣り」は、いずれも本章の最初の方で指摘したＡＩの三つの弱点、つまり「身体性が苦手」「どこまで行ってもシミュレーションを超えられない」「臨機応変が苦手」の三点と深く関わっている。すなわち「じゃあこうしよう」も「身体への寄り添い」も、「相手の気配」という身体的次元への配慮、そしてそれに応じた臨機応変のプログラム変更なのである。

芸術創造における成功は、文脈とか身体とか気配とか非確定性とかルールの途中変更といった、ＡＩが最も苦手とする領域に関わっている。それはまた、芸術創造こそが、人間にまだかろうじて残されている、数少ない「ＡＩで代理ができない人間固有の領域」でもあるということだ。相手の身になれる、文脈や気配が読める、状況次第で方針を自在に変えられる、ステレオタイプなパターン反復に飽き足りない、予想外のことが大好き――おそらくこれらこそが、ＡＩがどれだけ進化しようと失職しない人の条件であろう。

とはいえ……こうは書いてみたものの、今の世の中の趨勢を見るに、つい私は悲観的になる。つまり肝心の人間が「思い遣りなどウザい！　こっちの身になんてならないでくれ、放っといてくれ！」と思い始めたら？　「臨機応変など単なる契約不履行だ、それよりパターン通りにしてくれ！」と考えるようになったら？　陳腐なパターンのパッチワークだけでできている文章やら音楽を特にヘンだとも感じなくなり始めたら？　丁寧に作られているものとパターンの羅列にすぎないものとの区別がつかなくなったら？　「いいね」記号を押して自己表現している気になったら？　要するに人間がどんどんＡＩ化し始めたら？　人間固有のわざと本能をもっている人々は、そのときシステム内の単なる欠陥部品として廃棄されてしまうであろう。巨大データの歯車の一部におとなしく収まらない人間など、総システム化社会にとっては無用の長物なのだ。

私の懸念というか憂鬱は、実は人工知能がモーツァルトを超えることなどではない。何度も言うよう、人工知能による自動作曲自体は、人間がこれまでやってきたことの、おそらくはかなりプリミティヴな延長にすぎない。だからことさらにそれを敵視して、「手作りの作曲」にこだわる必要もない。パターン抽出と順列組み合わせの探究という点で、それはこれからも大いに作曲家の手間を軽減してくれるだろう。そもそも人工知能にいろいろな条件づけの指令を出しているのが人間である限り、それは人工知能ではなくあくまで人間が作った曲である。

私が深刻な問題だと考えるのは、今や人間が作った曲であっても、自動化されて何の創意もないパターンの組み合わせに終始するものが無数にあることだ。これならいずれ軽くＡＩで作れよう。しかもすでにこうした「音楽もどき」は、私たちの今日の音環境そのものになっているのだ。

ＣＭ音楽、鉄道の駅などで流れる愚にもつかないメロディー、携帯の着信音等々。この程度のものなら人工知能でいくらでも作れるだろう。人間は目をつぶって見ないようにすることはできても、耳を塞ぐことはなかなか難しいから、こうした擬似音楽は容赦なく暴力的に私たちの脳髄に深く入り込んでくる。だからこそ世の多くの人は、こんなガラクタを「音楽」だと思い込んでしまう。それだけが「音楽」だと思ってしまう。そして人工知能が似たり寄ったりのものを作ると、「人工知能が音楽を作った！」などとはしゃぐ。モーツァルトの交響曲に拍手喝采を送った二百数十年前の聴衆のような闊達なコミュニケーション能力は、今日の人間にはもはや不可能になってしまっているのではないかとすら思う。

人工知能が人間並みの能力をもつことよりも、人間の知能と本能とがＡＩ並みに低下してしまうことの方が、私にはよほど怖い。ただしその兆しはもうすでに現れ始めているような気がする。手遅れになるより前、つまり人間がＡＩ並みのバカになってしまう前に、まずは人間にしかできないことに徹底的にこだわらなければいけない。そうしないと本当にヤバイ。

て、人間固有の能力とはいったい何なのかもっと深く考えることだ。

♪23　**『Miles in Berlin』**という1964年のベルリンでのライブ録音、とりわけ《Milestones》を聴けば、本文で引用したハービー・ハンコックの自伝エピソードの様子がどんなふうであったか、なんとなく見当がつく。このすさまじいスピード（当時のマイルス・バンドはドラムのトニー・ウィリアムスの加入とともに、どんどんテンポが上がっていった）、そして事前打ち合わせなど皆無の即興とあっては、どんな腕自慢の猛者でもミスの一つや二つするだろう。それでもマイルスは、あえて自らアクシデントを望んでいるかのように、アンサンブルのアクセルを思いきり踏んでいる。いつ軌道から外れて大事故が起きるか、聴いているだけで心臓が止まりそうになる。それでも安全運転はしない。それがマイルスの偉大さだ。

♪24　**クラレンス・バルローの《機械ピアノのための変奏曲》**はとても面白い。ベートーヴェンのオリジナル曲（ピアノ・ソナタ第三二番終楽章の変奏主題）を、コンピューターが勝手にバラバラにしていく悪夢のような世界が展開される。「Clarence Barlow Variazioni e un pianoforte meccanico」で検索できる。他にも**三輪眞弘の《東の唄》**（CDが出ている）は、コンピューター制御された自動ピアノと人間が弾くふつうのピアノ、そしてスピーカーのための四楽章の大作だが、これも衝撃的な未来音楽だ。しだいに音楽の展開がコンピューターに乗っ取られ、ついにピアニストは自分が弾くアナログ・ピアノをまったく制御できなくなる。

おすすめの音楽 *Vol. 7*

♪20　AIに限らず人は古くから、「機械による音楽」に魅了されてきた。オルゴールをはじめ、こうした「マシーン・ミュージック」の例は枚挙にいとまがないが、わけても**ソラブジ**の名を外すわけにはいかないだろう。彼は機械以外ほとんど演奏不能と思えるようなピアノ曲を数多く残した。あまりコンサートでお目にかかることはないが（やはりステージで弾くには難しすぎるのだろう）、ネットではさまざまな曲がアップされている。

♪21　ソニーが開発したソフトによるビートルズ風の曲というものを、ネットニュースで聴くことができる（**「AI作曲の“ビートルズ風”新曲、Sony CSLが公開」**）。これを聴いて「結構それなり」などと感じたとしたら、それは音楽の「クオリティ」の区別がつかなくなっている兆候かもしれない！　「なんとなく似てる」ということと「あの高みに達しているかどうか」は、まったくの別問題だ。しかもこの「曲」は最終的には人間が仕上げている。ということは、別にAIによる作曲ではなく、従来通りの人間による作曲ということになる。あまりAI作曲をかいかぶる必要はなかろう。

♪22　**モーツァルトの交響曲第三一番**の終楽章は、ぜひとも初演時のパリの聴衆の反応を思い描きながら聴いていただきたい。また本章のために**ビートルズの《ヘイ・ジュード》**をあらためて聴いてみて、それが奇跡のメロディーであることを再確認した。これらの自由闊達さに匹敵するものをAIが作るなど、当面ありえない。AI音楽を云々する以前に私たちがするべきはむしろ、こういう音楽を聴い

第八章　歩け、そして規格外を探せ！

音楽は空気振動だ。空気がないところに音楽はない。だから音楽は必ず特定の「あのときあそこのあの空気感」と一体になっている。音楽を経験するとは場所を経験すること、音楽を探すとは場所を探すことである。

音楽の話題は男女交際の必須のツールだった？

最近若い人向けのある総合雑誌のインタビューを受けたのだが、そこで少し驚くことがあった。先方からのリクエストが「最近の若い人は音楽を聴かないので、どんな音楽がおすすめか、どんなふうに音楽とつきあえばいいか、新しい切り口で語ってほしい」というものだったからである。この雑誌は名前を言えば誰でも知っている超有名誌で、一昔前は流行の最先端をフォローしようとする男子にとってのバイブル的存在だった。そんな雑誌すら「若い人に音楽をもっと聴いてもらう」ための特集をしないといけないとは……。

これはきっと「若い人の欲望低下」の問題と深く関係しているのであろうと考え、インタビューアーにそのあたりを理解してもらうべく、即席で次のような話を振ってみた。というのも、たまたまインタビューが行われた喫茶店の隣の席に、私とほぼ同じ世代とおぼしき、見るからに洗練されて小股の切れ上がった女性が二人で話し込んでおり、いっそ砕けたたとえ話から始めようと考えたのである。

きっと若い頃は田中康夫の小説に出てくるような「流行の最先端のいい女」だったのだろうと思わせる彼女らを横目で見やりながら、私はインタビューアーに次のように尋ねてみた。「あの人たちがまだ二十代だった頃だとして、同世代の男子がなんとか彼女らとお近づきになりたいと思えば、どんなふうにアプローチしたと思う？」と。

相手がキョトンとするのは想定内、したり顔で以下の解説をする私——いきなりドライブに誘ったりするのは難しかろう、だから何が共通の話題になりそうか、まずは探りを入れる。「お誘い」の定石の一つがコンサートや映画や芝居だ。どういうジャンルに興味がありそうか、クラシックかジャズかポップスか、はたまた歌舞伎か芝居か、あるいは美術展か。そして偶然を装いつつ「〇〇のチケットがあるんだけど、今度一緒に行きません？」と誘ってみる。実際私の周囲には、意中の女性にアタックしたい一念で、ゼロからクラシックやら歌舞伎やらジャズやらの知識を仕入れ、今ではそれらの大ファンになっている友人がかなりいて……云々。

こんな話をしながら、はたとあることに気がついた。それはつまり、音楽や美術や映画といった「教養」と呼ばれるものはかつて、きわめて汎用性の高い実際的な意味をもっていたということだ。意中の女性にアタックしようとするときの話の糸口に、まさか株や政治の話をするわけにはいくまい。自分の仕事のキャリアを自慢してみせてもイヤな奴と思われるのがオチ。連ドラの話もいいが、それだけだと軽い。スポーツの話（それも悪くはないが）ばかりするのも、ちょっとマッチョにすぎる。となると自ずと異性との最初の会話は、音楽だとか映画だとか芝居の話題になることが多かったのだ――少なくともかつては。これらについての教養の類は、多くの男子にとって、異性とおつきあいするための必須の社交術の一つだったのである。

こう考えてくると、「若い人にもっと音楽を聴いてもらう」というこのインタビューの「お題」は、実はとんでもなく大きな社会問題の一部だということが見えてくる。かつては自動車の免許をとるとか、就職するとか、結婚して家を建てて子供を持つといったことが、「なぜ」の問いを要さない人生の自明だったとする。そして音楽や映画や絵画についての教養の類もまた、この人生設計の「大きな物語」の中でそれなりに不可欠の役割を与えられていたとしよう。

ならば「若い人が音楽を聴かない」（本当にそうかどうかはともかくとして）ということは、若い人が自動車をあまり持とうとしないとか、結婚しないとか、はては出生率が下がっているといったことと同列に並べるべき、きわめてアクチュアルな社会現象の氷山の一角にほかならないのだ。実際、右のたとえ話で言うならば、デートの定番は最初がコンサートか映画、二回目がドライブといったあたりだったから、そしてそのままうまくいけば、その先には「ゴールイン」があったわけだから、音楽と自動車免許と結婚式（そして新婚旅行や新居や新車などなど）は、きわめて密接にリンクしていたとすら言えるのだ。

お行儀よく「感動」するのはやめること

今考えると、いきなり欲望低下の話などをされて、インタビューアー（若い女性であった）も当惑しただろう。と言うのも彼女の方は、「音楽はもはや若い人たちの欲望の対象ではなくなっている、つまり根拠づけが必要なものになっているのであり、『音楽を聴けばこんなにいいことがある』という理屈を説明してくれ」と尋ねたのに対して、私は「かつて教養は欲望の対象であり、従ってそこに理由など必要がなかった」と主張したのだから。このままでは話が平行線を辿るばかりだ。

そういうわけで私が次に口にしたのは、「本物は誰にでもすぐわかる！　勉強知識じゃなくて自分の足で出会いを探せ！」ということであった。ここでいう「本物」をきちんと定義するのは難しいが、とりあえず「衝撃的な何か、人を震撼させる何か、人生観を変えてくれるかもしれない何か」と理解していただきたい。あるいは「ただの『感動』とは違う何か」と、否定的に定義してもいいかもしれない。

　ありていに言って私は、「感動」という言葉が好きではない。本書で何度も批判した「癒し」と同種同根のうさん臭さを感じてしまうからだ。しかも最近は、「感動」と「癒し」をほぼ同義で口にする人が、本当に多い。「生きる力をもらう」といったステレオタイプな言い回しも同様だ。音楽は「感動させる」ものばかりではない。「生きる力」をくれたり「癒してくれる」ものだけではない。聴く者を狂気の淵へ誘う音楽だってありだ。安直な感動を拒否する冷淡さも音楽表現の重要な一部だろう。この多様性を排除して、感動させてくれるものだけに「音楽」を限定する発想は、どこか学級的な「（先生の言うことをよくきく）ヨイ子」VS.「（先生の言うとおりにならない）悪い子」式の分類に通じる気がしてしまう。

　またしても昔話になってしまうが、少なくともかつて、多くの血気盛んな若者にとって「学校でやらされる音楽」は退屈だった。音楽の授業や文化祭で歌わされる合唱などを「うざい」と思っていた生徒は相当多かった。唱歌校門を出ず。こういうものを進んでするのは、先生のお気に入りの優等生だけだというイメージがあったと言っても、あながち誇張ではないだろう。なぜ「学校の音楽」がこんなに不人気だったのかと考えると、それは学校道徳によって漂白された無害さと関係していたのだと思う。みんな一緒に、みんな平等に、みんなで楽しく、みんなで、みんなで、みんなで——学校的建前から外れるものは許されない。つまり嘘っぽい。先生の訓示を聞いているみたいで退屈なのだ。だからこそ、それに飽き足らず、どこかでアウトサイダー的なものに憧れるティーンエイジャーは、みんな「学校の外」の音楽に自分の欲望を満たしてくれるものを求めた。

しかるに今日、「音楽」と言えば枕詞のようにくっついてくるのが、「癒し」と「絆」と「感動」と「元気が出る」の四点セットである。まるで人々は、「音楽」といえば癒しか絆か感動か元気しかないと、頭から信じているかのようだ。学校道徳的なものが今や校門を出て、社会のあらゆる音楽にあまねく浸透し始めているのである。たとえ音楽の中であっても、怒りを叩きつけたり、黒々とした欲望を解き放ったり、危険なエロスの夢を見たりしてはイケナイ。ポリティカル・コレクトネスを絶対善とする今の風潮は、それを許さない。恐るべき自己規制社会である（なお若い人にとっての「ヤバイ世界」の解放区は、今ではアニメやゲームになっているのかもしれない）。

偉大な音楽はヤバイ

　ジャンルを問わず偉大な音楽には常に、ある種の「危なさ」が伴っていた。毒と薬は表裏一体。モーツァルトなどその代表格だ。毒があるからこそ音楽は人々を魅了し、そして癒し、あるいは勇気づけることができる。音楽まで無害化することは、実は精神的な自己治癒の道を人々から奪うことにほかならない。私が「感動」という代わりに「本物」とか「震撼」という言葉を使う理由はこのあたりにある。

　私が専門とするクラシック音楽についても、それらは本来「立派な古典」などではなく、相当「ヤバイ」音楽だったのだと、私は確信している。ヤバイものだったからこそ、強烈な毒とパワーをもっていたからこそ、何百年にわたる歴史の審判を潜り抜けてくることができたのだ。残念ながらいまだに、「クラシック＝古典＝立派なもの　↓　でも古典は難しい＝勉強しないとわからない」という先入観の図式は強い。しかしわざわざ勉強しなければわからないようなものが、何百年も聴き継がれてきたりするだろうか？

　確かに作られてから相当の時間が経てば、その音楽が想定していた社会的あるいは文化的な条件などが、微妙に今日のそれとズレてくる。だから場合によっては、古典文学などでよくやられているような、「超訳」的な作業が必要になる。今を生きる人間にピンとくるよう、現代的な感覚を大いに盛り込んでリメイクするといったことである。補正作業は必要だということだ。しかし「本物」の所以《ゆえん》が、人々を理屈抜きで震撼させる直截さにあるとすれば、理解するために勉強なんぞが必要な代物が、何百年という時間の審判に耐えるはずがない。

「感動」という言葉は少なくとも今日、鋳型にはめられた無難な感情記号として用いられている。「いいね」マークと一緒だ。人々の間にあらかじめ「こういうものが感動」という枠がすでにあって、チャンスが来ればそのアイコンをとりあえずクリックすべく、スタンバイしている。これはあらかじめガイドブックで見ていた観光スポットへ旅行で行き、それがガイドブック通りであることを確認し、そこで記念写真を撮るのに似ていないか？

私が「本物」という言葉で伝えたいのは、こうした自動化された感情記号の真逆のもの、こちら側があらかじめもっている感情鋳型では処しきれない得体の知れない何か、絶句するような何かのことだ。「よかったね、感動したよね、ハイ終わり」にならないもの、その後の人生を狂わせてしまいかねない何か、と言ってもいい。

私たちはふつうコンサートに出かけて、どれだけ「よかったよね、感動したよね」と語り合ったところで、帰りの電車が自宅に近づく頃にはもう、それについてほとんど忘れていることの方が多い。ものの一時間も経たないうちに、先ほど経験したことは過去になっている。日常に戻っている。「感動」したはずなのに、電車の中で他のあらぬことを思い出したりする。帰宅したらやらなければいけない雑用とか、あるいは家を出るときちゃんと鍵をかけてきたかとかが、いきなり唐突に頭をよぎる。

私の言う「本物」とはこんなことが絶対起きないもののことである。経験したことが余韻どころか余震となって、頭の中でガンガン何日も鳴り響き続ける。音楽体験が「芸術鑑賞」という特別地区の内部での出来事に終わらず、その外の世界、つまり私たちの人生そのものに働きかけてくる。私自身も若い頃にそういう音楽経験を何度もしたからこそ、その後の人生があったのだと思う。いや、より正確に言えば、「その後の人生が狂った」というべきか。堅気になることを忘れ捨てて、音楽研究者などという酔狂な道へ進んでしまったのだから。

音楽家がアイドル路線に走ってどうする?!

残念ながら今日、それを耳にした人をカミングアウトさせかねないような魔力をもつ音楽と出会うことは、相当難しくなっているという印象がある。念のために周囲のさまざまな世代の友人たちに、折あらばこのことについて尋ねて回るのだが、はかばかしい返事が返ってきた試しはない。「そんなことはない！『オレたちが若かった頃は』式のオヤジ説教なんてすんな！

今でもまだあれやこれやこんなにすごいものがある」などと切り返されたことは一度もない。みんな何の反論もせず「確かにそうですね」とあっさり認めてしまう。これはもう、怪物的な音楽家との出会いのチャンスが、今や相当減ってきているのだと断ぜざるを得ない。

いろいろな理由が考えられようが、結局すべては社会全体の「草食化」の問題に帰せられるのだろう。みんなおりこうさんになって、ギラギラした願望希望欲望など抱かず、桁外れの突出した存在には腰を引く——すでに触れたカリスマ不在の問題だ。かくして欲望デフレにより音楽需要がどんどん痩せていくため、業界は話題作りに走る。音楽家のヴィジュアル・アイドル化である。ただし話題先行アイドル路線は音楽にとって両刃の剣だ。やりすぎると自分で自分の首を絞めることになる。AKBやエグザイルは「ヴィジュアルで売るプロ」。しかしジャンルは問わず、いやしくも「音楽家」であろうとする者にとって、その本業は音楽のはずである。彼らはアイドル候補としては素人同然なのだ。

クラシックあるいはジャズ系の若いピアニストが、モデル顔負けのメイクをして（とは言ってもプロのモデルにかなうはずがない——それが本業ではないのだから）、インタビューで「私、プライベートじゃロック系とかアイドル系とかもガンガン聴いちゃいます」なんて発言をしてみせても（じゃあロック・アーティストになれるかといえばそんなのは無理——それが本業ではないのだから）、あまりカッコよくない。ありていに言えばイタイ。話題作りから入るというのは虚名と紙一重だし、そんなことをしていると固定客がつかず、そのせいで次から次へ目先を変えることになり、結局はメガヒットも出ず、カリスマも消え、ますます需要は先細る。負のスパイラルに陥る。

流通ルートの外に規格外を求める

ではいったい「若い人がもっと音楽を聴くよう」になるにはどうすればいいのか？　件のインタビューで私が何より強く言ったのは、「あえて規格外を求める」ということである。音楽産業とは巨大な業界である。そこには生産者がいて、商品とその流通ルートがあって、そして消費者がいる。残念ながら今ではほぼすべての音楽が、どんなジャンルであるかには関係なく、「商品」になっている。いまだにクラシック（あるいはジャズ）は商品音楽ではないと信じている人が結構いるが、一九世紀後半のヨーロッパにはもうマネージャーというものがいた。次々に音楽事務所が生まれ（ジャニーズ事務所のようなものの原型は一九世紀に誕生したのだ）、彼らは音楽家のスケジュール管理をし、利益の上前をはねていた。すでに音楽における資本主義の歴史は一世紀半に及ばんとしているのだ。商品化に対して純潔を守っているジャンルなどどこにもない。

資本主義社会にあっては、物々交換的なインターフェイスは、原理的に存在しない。流通ルートにのらない限り、消費者のもとに商品は届かない。そして業界にはさまざまな規格があって、「客が求めているのはこういうもの」とか「客がいいと思うのはこういうもの」といった業界側の事前の想定に従って、商品は選別される。

たとえばクラシックの場合だと、若い音楽家はコンクールに通らないとなかなかその先へ行けない。そして業界の人たち、すなわち審査員が「いいのは（売れるのは）これ」と認定したものが、規格品として世間に売り出される。ポピュラーの場合はさらに徹底した市場調査的な発想をすることは言うまでもない（こういう歌詞、こういうコード、こういうメロディーが、こういう層のこういう世代にウケる等々）。そして消費者の側は、流通ルートが業界に押さえられているのだから、規格品以外のものに自ら触れる（そして比較する）機会を最初から奪われているとも言える。結局なすすべもなく、「業界がおすすめと言っているんだからまあいいんだろう」とばかり、規格品を受け入れるしかない。

私が強く主張したいのは、「標準規格」などということを一度忘れようではないかということだ。スーパーで売られている野菜や果物は、どれも規格を通ったものばかりだ。知らず知らずのうちに私たちは、「本当においしいかどうか」ではなく、「規格通り」という見かけを基準に品を選ぶようになっている。食べる分にはどうでもいいようなことでも、規格に合っていない品は「わけあり商品」ということで安売りされる。きれいに長さも形もそろったインゲンマメのパックの中に、一本だけ曲がったものが入っていたりしたら、客にクレームをつけられかねない。味には何の関係もないのに！

あるいはイチゴの出荷にたとえてみる。そこで最初に決まっているのはパックのサイズだろう。何センチ×何センチで3×5＝15個といった箱の大きさがまずあり、そこから自ずとこの箱に入れて流通ルートにのせられるイチゴの大きさが決まる。大きすぎたり小さすぎたりするものは商品にならない。不ぞろいなリンゴならぬ不ぞろいなイチゴは流通ルートにのらないのだ。流通ルートという「学級」では、全員が同じ形をしていないといけない。音楽の世界でこれと同じことが起きていないと、誰が保証できるだろう？

あてどなく歩く

あえて流通ルート外のものとの出会いを求めようと思うなら、いったいどうするのがいいのか？　それは「あてどなく歩くこと」による他にない。ネットサーフィンももちろんいい。しかしここはやはり本当に自分の足で歩きたい。と言うのも、音楽というものはとても深く「場所」と結びついていて、本来は持ち運びができないもののはずだからである。辻音楽師が祭りの日になるとどこからともなくやってきて不思議なメロディーを奏で、そして翌日には立ち去っていく。そんな記憶が今でも音楽の中には沈殿している。音楽を聴くと無性に旅に出たくなる――こういう経験をした人は多いだろう。音楽との出会いはいつも小さな旅なのだ。

私自身の経験を少し紹介しよう。二〇一七年にわざわざ沖縄まで出かけて聴いたアルメニア出身のジャズ・ピアニスト、ティグラン・ハマシアンのコンサートのことだ。彼はまだ三十代前半の若手だが、世界中で注目されている人である。「ジャズ・ピアニスト」とは言いつつ、従来のジャンル区分にはまったくはまらない独特の世界をもっている。ジャズをベースとしつつ、クラシック・ピアノの深い素養とロックのテイストとシンセサイザーのサウンド（彼はアコースティック・ピアノとキーボードを同時に弾きながら、さらに自分で歌ったりする）、そして何より故郷アルメニアの民族音楽が、混然一体となっている。Tigran Hamasyan "Shadow Theater" ―COMPLETE SHOW (official) という動画を見れば、彼がどのような音楽をやる人か、およそのところがわかるはずだ。

そんな彼のコンサートを聴きにわざわざ沖縄まで行ったのには理由がある。つまり二〇一七年のツアーで彼は、東京のホールで一回演奏会をやった以外は（瞬く間にチケットが売り切れたそうだ）、福岡の古民家、屋久島の森、そして沖縄は名護の近くの宜野座の公民館と、通常「売れっ子」のコンサートが開かれたりはまずしない場所ばかりで演奏したのである。これが従来の都市的な消費型音楽生活を見直す試みであることは明らかだろう。オフィスでの仕事帰りに、ガールフレンドとレストランに寄ってからライブに行く――こうした都会のミュージック・

ライフのルーティーンをあえて断ち切り、音楽産業の流通ルートの「外」で音楽をするのだ。

私は確信しているのだが、「どんな場所で音楽をするか」は自ずと聴衆層を、ひいては音楽自体のありようを、決定的に規定する。音楽は場と聴衆コミュニティーの函数なのだ。そして宜野座でのティグランの聴衆層は、ふだん滅多に出会わないような特異なものだった。わざわざ「都会」から来たとおぼしき、私も含むコアなファン。かなり多くの外国人（沖縄に滞在しているアーティストといったかんじの人が多い）。そして地元の子供連れやおじちゃんやおばちゃん。みんなものすごい集中力で聴いている。通常のコンサートホールの聴衆層はもっと均質だろう。だいたい同じようなタイプの種族が集まってくる。クラシック演奏会とライブハウスと演芸大会とが一体になったような異種混淆オーディエンスなど、ふつうはありえない。

特異な場所が生み出す特異な聴衆コミュニティーは、ときとしてすさまじい磁場を放射して音楽を輝かせる。宇宙的な電子音の震動、物悲しい中央アジアの民謡風のメロディー、バルトークのようなモダン・クラシックの変拍子にロックを混ぜたような強烈なビート感。すべては完全に溶け合い、大地／自然と一体になったような、ある種の環境音楽となる。そして会場の外へ出ると、すぐ近くにある海から浜風が吹いてきて、空を見上げると満天の星空が広がっている。そして那覇までの漆黒の闇に包まれた帰路。あのときの心身が蘇るような経験は今でも忘れられない。都会の通常のホールやライブハウスであったなら、あそこまでの深い余韻は生まれえなかっただろう。

「音楽＝音楽＋聴く場所」だとつくづく思う。そして、気軽に出かけられないような遠い場所までわざわざ出かけて行って聴く音楽には、大都市におけるメジャー演奏家の「巡回ルート」とも言うべきホールではまず聴けない生命力がみなぎる。音楽がその場所で生きて呼吸している。音楽とはきっと場の神様の降臨なのだ。〈♪25〉

思えば音楽や演劇や舞踏は、かつて神に奉納する儀式であった。日本で言えば薪能。ヨーロッパで言えば古代ギリシャ演劇。闇夜に紛れて、あるいは雲に乗って、人間の様子を見物しに来た神々に、それは聴かせたり見せたりするものであった。然るに近代のコンサートホールとは、外界＝環境をシャットアウトして、音だけに集中するための、気密空間である。密閉されている。メリットは多々あれど、確かにそこでは何かが窒息する。電脳音楽空間については言うまでもない。

何か人生を変えるような音楽を見つけたいのならば越境しよう！　歩け！　システムの外へ出て、そして規格外を探せ！

おすすめの音楽 *Vol. 8*

♪25　ティグラン・ハマシアン（Tigran Hamasyan）については、彼がブレークするきっかけになったCD『MockRoot』、そして故郷アルメニアの聖歌隊との共演『Luys i Luso』もいいが、私は『Shadow Theater』が好きだ。同名ライブの動画も素晴らしい。なお本文で言及した沖縄の宜野座における公演を主催した「古民家SHIKIORI」は、ティグラン公演に限らず、「場と音楽」の結びつきを深く考えさせるさまざまな催しを行っている（ホームページにいろいろなイベント予定がのっている）。

本文イラスト　まきみち

岡田暁生（おかだ　あけお）

1960年京都生まれ。音楽学者。京都大学人文科学研究所教授。

3歳のときからピアノの英才教育を受けさせられ、当時の先生は「この子は才能がある」と言っていたらしいが、レッスンが厳しすぎ7歳でピアノ教室から逃走、音楽家への道は挫折。本当は研究者ではなく、あのままレッスンを続けて、もっと直接に音楽と関わる仕事をやりたかった。8年ほど前からジャズ・ピアノに目覚め、今でも毎月レッスンに通う。師匠フィリップ・ストレンジ氏を導師と崇める。

専門は19世紀から20世紀初頭の西洋音楽史。とりわけピアノ音楽とオペラ（リヒャルト・シュトラウス）。おもな著書に『音楽の聴き方』（吉田秀和賞受賞、新書大賞2010第三位）、『西洋音楽史』、『オペラの運命』（サントリー学芸賞受賞）（以上、中公新書）、『リヒャルト・シュトラウス』（音楽之友社）、『すごいジャズには理由がある』（共著、アルテスパブリッシング）などがある。

教養みらい選書　004
音楽と出会う
——21世紀的つきあい方

2019年4月20日　第1刷発行　　定価はカバーに表示しています

著　者　岡《おか》田《だ》暁《あけ》生《お》

発行者　上原寿明

世界思想社
京都市左京区岩倉南桑原町56　〒606-0031
電話　075(721)6500
振替　01000-6-2908
http://sekaishisosha.jp/

ISBN978-4-7907-1730-0

教養みらい選書

001
僕がロボットをつくる理由
未来の生き方を日常からデザインする
石黒　浩
衣食住から恋愛・仕事・創造の方法まで、自身の経験や日々の過ごし方を交えて、「新しい世界を拓く楽しさ」と人生を率直に語る。

002
食べることの哲学
檜垣立哉
動物や植物を殺して食べる後ろ暗さと、美味しい料理を食べる喜び。この矛盾を昇華する、食の哲学エッセイ。隠れた本質に迫る逸品。

003
感性は感動しない
美術の見方、批評の作法
椹木野衣
子供の絵はなぜいいのか？美術批評の第一人者が、絵の見方と批評の作法を伝授し、批評の根となる人生を描く。書き下ろしエッセイ集。

近刊
賀茂川コミュニケーション塾
ビブリオバトルから人工知能まで
谷口忠大
コミュニケーションって何だろう？京都・賀茂川沿いの喫茶店エトランゼを舞台とした、教授と女子高生とが語り合う、ひと夏の物語。

近刊
鷲田清一の人生案内
二枚腰のすすめ
鷲田清一
「暗い性格をどうにかしたい」「彼氏がいる女性にほれてしまった」……身のまわりの悩みに、哲学者が二枚腰のかまえで親身に答える。

書名は変更になる場合があります。